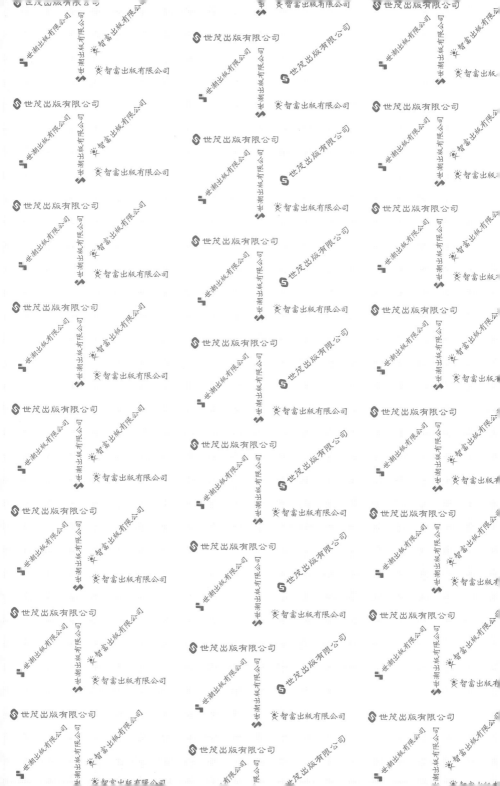

THE MYTHOLOGY OF DISASTER

災難神話學

災禍の神話学：地震、戦争、疫病が物語になるとき

沖田瑞穗◎著

簡毓棻◎譯

前言

很不幸地，對現代人來說，地震、戰爭、瘟疫這些災害並不不陌生。對日本人來說，阪神淡路大震災、三一一大地震仍記憶猶新。烏俄戰爭不見停息的端倪。新冠肺炎的威脅至今仍在。平凡人如我們，無論如何都得與諸多災難為伍，毫無選擇。

其實，無論是地震、戰爭或是瘟疫都曾出現在神話故事中。人類歷史走到今天，一路都伴隨著這些災禍，古人假託神話，也就是「神聖故事」，將這些遭遇災禍的經驗留傳下來。然而，神話故事並不說教。雖然人們總是誤解，但神話故事說的並不是教誨，也不一定符合倫理道德。

那麼，神話故事如何敘說關於地震、戰爭與瘟疫，後人又從中學到了什麼？本書的目的就是要來談談神話故事裡的真實、神話故事在這個時代所扮演的角色，以及跟現代的關係。

人類自古以來就是靠神話故事的傳頌存活至今。即使不特別關注，人們也持續不斷地在說著神話故事。人們在無意識中以神話故事的型態掌握世間各種事物樣貌，而那些片段也會顯現在生活中。

身處現代的我們或許是將神話故事當成了過去歷史的遺物來看待，比方說，現代日本的次文化中，常擷取某些神話故事中的要素來運用。人們經常使用神話故事中的神名、武器、寶物名，人們透過這個方式，延續了那些過往的神聖故事也就是神話故事。

另外，在本書第一章中，筆者認為，即使到了現代，多數人也認可與古老神話故事全然不同形式的神話故事——「怪談」。我們可以看出，伴隨著神聖性的怪談，是神話故事新形式。

在第二章到第四章中則提到戰爭的故事。自古以來的故事中，戰爭究竟具有什麼樣的「功能」？從結果來看，可以看成是建立新秩序的「裝置」。但這跟現代戰爭的痛處全然無關，是神話故事中獨有的功能。神話故事沒有作者，甚至可說神話故事的定義就是作者不明。雖然或許有編纂故事、敘說故事的人，但大多數的狀況是，真正的神話故事創作者都是不詳。正因如此，有些神話故事要多殘忍有多殘忍。正因為人們無法追究作者的責任，正因為作者不詳，悲慘的戰爭神話故事也才得以傳頌。

第五章提到了瘟疫的神話故事，但其實，關於瘟疫的神話故事並不多。我認為，原因在於，人們開始傳頌故事前，宗教先承接住了人們對瘟疫的煩惱，安住了人們的心。等在瘟疫之前的是死亡。而神話故事則是熱烈地談論著死亡的起始。甚至，神話故事也會述說在死亡之後的再生。尤其月亮自古就與再生有關。月盈月缺不斷重複著，這樣的月亮正象徵著生命甦醒。

希望藉由此書，能讓各位讀者思考關於神話故事的本質、神話故事的現代性與其真實。我認為，遭逢各種災厄的現在正是讀神話的時候。

目錄

第一章

地震、海嘯、洪水

遭地震毀滅的城鎮

十七世紀，位於加勒比海的牙買加有個名為皇家港（Port Royal）的繁榮城鎮。然而，某日皇家港突然迎來毀滅。一六九二年六月七日十一點四十三分，牙買加地區發生地震。位處沙洲的城鎮瞬間液態化，流入海裡，繼之而來的海嘯將城鎮全然吞沒。地震與海嘯造成了兩千人死亡，之後的瘟疫又帶走了三千人。對於當時的人們來說，這樣的狀況宛如末日（參考自佐々木ランディ《水中考古學 地球最後のフロンディ》エクスナレッジ，二〇二二年，第二七二頁）。

這類型的大規模災禍可說是神話故事的根基。關於地震起源的說明、述說洪水等的災害，我認為，如果沒有實際體會天災的威脅，就不會誕生神話故事。

然而，如果只是單純地寫下關於災害的體驗紀錄，就沒必要寫成神話故事。而神話故事與實際災害之間究竟是由什麼銜接的呢？

我猜想，會不會是「畏懼」。因為敬畏神，對災難的恐懼與畏懼最終讓人們心裡帶著神聖性，從而誕生出神話故事？

我必須要事先定義，本書將神話故事定義為神聖的故事。所謂的神聖是指，可以視為「與神有所連結」的意思。然而，我慎重地避開了關於神聖之物的說法。因為根據馬場真理子的說法，所謂的神聖之物是指「任何具有超越性的，不合理之物皆可稱之的虛空性概念」（《Nύξ》5號，堀之內出版，第四二頁）。詳情見《Nύξ》5號的第一特集「神聖之物」。另外，作為形容詞的「神聖」，是個在任何語言領域中，都具有數千年歷史的古老語言，我想，以此來理解神話故事是可行的。

兩個震災體驗

本書的目的之一就是探討「神話的真實性」。我想從真實體驗開始書寫。我自己曾經歷過兩次大震災。一次是發生在我高中三年級時，一九九五年一月十七日的阪神淡路大地震，另一次則是二〇一一年三月十一日的三一一大地震。我在高中之前一直居住在神戶，因此對阪神淡路地震記憶非常鮮明。半夜睡夢中，我陡然驚醒想著「我作業還沒做」，此時我聽見了宛如末日來臨的低沉地鳴。不久就開始劇烈搖晃。我馬上意識到，這規模超越過去經歷過的地震，而且持續時間長到我以為永遠不會結束。地鳴又起，過一陣子，強烈地搖晃襲來。如此反覆多次。不誇張地說，當下我已經做好死去的覺悟。

但是，或許歸功於我家的建築非常堅固，又或者是家父平日的謹慎小心，總將家中家具牢牢固定之故，我家受災狀況並不嚴重。餐廚裡的餐具安好如初，雖然書架上的書散落一地，但書架穩固不動。然而，神戶街道的受害慘狀是我當天起床時無法想像的。那時我甚至天真地向父母詢問是否能去上學。

事實是，當時耗費長相當時間才修復完被破壞的街道。

我另一次的震災體驗是三一一大地震。那時，我人在神奈川縣自家。可能因為我的所處位置離震央稍遠，感覺上搖晃程度不如當年阪神淡路大地震。我記得搖晃了好一段時間。但是，地震發生後，所有的交通運輸立刻停止，造成混亂，我的先生必須從公司走路並坐公車花費四小時才能回到家。隔天開始，日常生活也受到影響。由於物流停止，影響貨物運送，造成超市中的生活必需品大缺貨。又由於電力嚴重不足，政府只得實行計畫性停電。當時，我家不知為何沒有在計畫性停電實行範圍內，真是太幸運了。

這是我所經歷過顛覆日常的兩個地震。我想，古人也是如此經驗著地震，因而以神話故事的形式把當時的恐懼與記憶流傳下來的吧。

地震的神話

關於地震的神話有各式各樣。讓我們一起來看看（以下，參考自大林太良《神話の話》講談社学術文庫、一九九七年，第八一～一一三頁）。

關於地震的原因，有一說是「巨人翻身」。在北歐神話中，有個名為洛基的搗蛋鬼（trickster）巨人，他因為殺害美麗的光明之神巴德爾而遭受懲罰被綁縛在岩石上。岩石上有毒蛇纏繞，為了避免洛基受到蛇毒之害，其妻子西格恩手持容器，接住滴下的蛇毒。但是容器很快就接滿了蛇毒，西格恩倒掉毒液的期間，剛好有蛇毒滴落到洛基臉上，於是他扭動著身體。人們認為，這就是地震的由來。

被綁縛在岩石上的洛基與用容器接著滴下蛇毒的妻子西格恩。克里斯多福・威廉・艾克斯伯格，一八一〇年。

另外，世界上也有類似因為被綁縛著的巨人扭動而引起地震的故事，例如高加索地區的故事。

厄爾布魯士山的山頂上有個英雄被鎮壓在此。雖然他會在世界末日時被解放出來，但在那之前，每年春天初始醒來後，他得知自己還未被解放，於是開始哭泣，因為哭泣而引起的震動就是地震（引用自大林太良《神話の話》第一〇〇頁）。

雖然這個英雄是人類，但與巨人一樣都遭受綁縛，因扭動身體而引起地震。這就是這兩個地震神話的共通點。

其他在朝鮮半島上也有一個關於巨人的故事。

很久以前，由於天傾斜，天神們於是想要以巨大銅柱去支撐。但是大地是懸在空中的，銅柱過於沉重而使得大地下沉。為了阻止這個情況，天神便命令最強壯的將軍站在大地底下支撐著。大地因此變得穩定，銅柱也就能穩穩地立著。雖然將軍至今仍舊善盡職責地支撐著大地，但有時候他必須要改變支撐的肩膀位置，此時，人間就會發生地震

（參照自大林太良《神話の話》第九七～九八頁）。

支撐大地的動物

神話故事中有支撐著大地的巨人，也有支撐著大地的動物。因此，只要某種動物蠢動，就會發生地震。流傳最多的動物就是牛，其他還有蛇與魚。

關於牛支撐著大地的神話故事，發生在非洲到印尼這一段廣大區域上，也是伊斯蘭文化圈中常見的特徵。在巴基斯坦的故事中提到，有一頭牛用牠的犄角支撐著整個世界，人類只要誰犯了過錯要接受懲罰時，毒蠍子就會刺一下這頭牛。牛因為疼痛而晃動身體，世界就會發生地震。

類似的故事在南西伯利亞也有。傳說，大地是由四頭牡牛支撐著，只要其中一頭牡牛移動身體，就會發生地震。

雖然跟地震發生與否無關，但在印度也有關於牛隻支撐著大地的傳說。在梵文史詩《摩訶婆羅多》第五卷中記載著，印度神裡掌管諸神的摩多梨（Mātali）到地下界旅行時，見到了第七層地下界Rasatala。據說，那裡是牛的世界。關於這個部分，聖仙那陀羅（Narada）說：

一、這裡是名為Rasatala的第七層地下界。這裡有牛隻們的母親，從甘露（amrita）誕生的蘇拉比（Sarabhi）神牛〔又名卡馬德赫努（Kamadhenu）〕。

二、神牛能產出地上最高級的甘露並經常將之送出來。那是六種味覺中最上乘者，所以味道非常鮮美。

三、往昔，當梵天（Brahma）因為甘露感到滿足而從口裡吐出精髓，其口中也會誕生出一頭小牛。

四、這些母牛的乳汁噴灑大地，匯流成湖。這是最極致清澈的甘露。

五、乳汁如花朵般的泡沫充滿了大地。眾聖者喝著這些泡沫居住了下來。

六、他們喝著泡沫，被稱為飲用泡沫者。摩多梨啊。他們正嚴苛地苦行著，連眾神都恐懼他們。

七、摩多梨啊。據說，蘇拉比神牛所生下的四頭雌牛們分別居住在四個方位。牠們守護著各個角落，支撐（上村翻譯「維持」）著各個角落。

八、名為舒如怕（Surupa）的須蘇拉比神牛的女兒，支撐著（上村翻譯「守護」）東方，漢薩卡（Hansaka）則支撐著南方。

九、屬於伐樓拿（Varuṇa）的西方則由蘇巴德拉（Subhadrā）所支撐。這隻雌牛非常強壯有力，可以採取任何姿勢。摩多梨啊。

一〇、名為薩爾瓦・卡瑪杜拉（sarva kāmadughā）的這隻雌牛則支撐著北方。摩多梨啊。那裡是由神聖毗沙門天的兒子俱毗羅（Kubera）所統治著。

一一、眾神與阿修羅（Asura）一起將曼陀羅山當作攪拌棒，把這些雌牛們的乳汁與水混合後，又與海水相攪拌混合。

一二、摩多梨啊。然後就誕生了伐樓尼（Varuṇi，酒的女神）、吉祥天女（Lakṣmī）、甘露、七頭馬、寶石中的紅寶石（kaustubha）。

一三、蘇拉比神牛產出乳汁，為飲用蘇摩汁者帶來蘇摩汁、為食用祖靈食物者帶來祖靈食物、為需要甘露者帶來甘露。

一四、以前居住在地下界第七層的人們會唱誦詩句。這些古詩句再經由世界上的賢者傳唱。

一五、即使在龍的世界，即使在天界，即使在天宮維摩那（Vimāna），即使在因陀羅（Indra）的世界，都沒有在地下界第七層來得快活（引用自《摩訶婆羅多》第五卷第一〇章。筆者譯。沖田瑞穗《マハーバーラタ、聖性と戦闘と豊穣》みずき書林、二〇二〇年，第二五三～二五四頁）。

上述節錄便清楚表達了那難陀（Narada）故事中關於地下界聖牛的概念。關於先前所引用的（上村「守護」）標記處，在上村勝彥所翻譯（《原典訳マハーバーラタ5》，ちくま學藝文庫、二〇二〇年）中譯為「維持」或是「守護」處，我皆翻譯為「支撐」。原文的梵文即有支撐之意，考量到文章脈絡中的神話背景，我認為「支撐」較為合適。

在印度神話中，支撐世界的不只有牛隻，還有大象。在印度阿薩姆地方的傳說則是，四角形大地的四個角落是由四頭大象所支撐著。只要其中一頭大象因疲勞而搔抓背部，就會發生地震。

讓我們回到牛隻，大地之下有牛隻支撐的神話故事常見於伊斯蘭圈，而這個意象最初據說是出現在伊朗。相傳世界初始有一頭「原牛」，牠死去倒下後，身體各處長出了各種農作物。關於這個伊朗牛隻的神話，後來可能傳入了伊斯蘭圈，遭轉換為支撐地面的牛隻。

接著是蛇。在印度文化圈中，多有提到蛇沉潛在地底下的故事。比方說，蘇門答臘北部的神話故事中，有個名為巴塔拉上師（Batara guru）的神。巴塔拉上師有個住在地下界的蛇兒子，牠作惡多端，曾經七次破壞世界。因此，巴塔拉上師立了一根柱子，並在其上放置四根橫木，再把世界放在橫木上，以防被蛇兒子再次破壞。從那以來，身處地下界的蛇再也無法毀壞世界。

由此可以推論出，後來由地下界的蛇所引起地震的神話故事減少了。雖然，印度認為世界是由舍沙（Śeṣa）龍王所支撐，但至少在《摩訶婆羅多》中，已經沒有地震這個要素在故事中。讓我們來看看在《摩訶婆羅多》第五卷中，關於地下界的蛇的相關記述。

那難陀如是說。

一、這是受婆蘇吉（Vāsuki）守護的名為伽梵蒂女神（Bhagavati）的都市。那有如眾神之王因陀羅的繁盛都市阿馬拉瓦蒂（Amaravati）。

二、這裡有舍沙（龍）。祂強壯有力，正在做著世上絕無僅有的修行。而且祂始終支撐著大地。

三、祂經常採取如同在白山上的姿態，身上披掛著各式裝飾物，有千顆頭、舌頭宛如烈焰般，非常強壯。

四、在這裡則住著須羅娑的龍兒子們。祂們有著各種姿態、身上披掛著各式裝飾物，不受各種疾病侵擾（《摩訶婆羅多》第五卷第一〇一章。筆者譯。沖田《マハーバーラタ、聖性と戦闘と豊穣》第二五五～二五六頁）。

這裡寫著蛇「支撐著」大地，卻沒提到蛇一扭動就會發生地震。

以上是支撐著大地的牛隻與蛇的故事，其實另外也有魚支撐著大地的故事。資料顯示，這個神話故事是由中南半島流傳至中國再輾轉傳到日本。並且被分類在有名的地震鯰魚這一項目裡。

據說，這裡的鯰魚居然是印度的世界蛇的起源。一般認為，日本平安時代傳說的、捲起世界的蛇這樣的概念恐怕是從印度傳到日本的。而後在江戶時代初期，傳說中的蛇才轉變為鯰魚。

 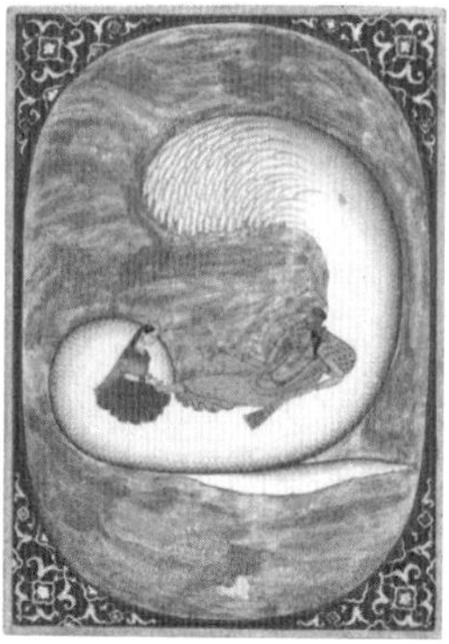

[右] 舍沙龍上小憩的毗濕奴。吉祥天女在龍的腳邊。印度。十八世紀。
[左] 鯰繪。一八五四年。安政二年大地震後畫的瓦版。

提到地震鯰魚，日本現代文學作品中也有引入這樣的意象。萬城目學的《鹿男》（皇冠文化出版有限公司，二〇〇八年）寫了這樣一則故事。在現代日本，有位高中男老師與女學生某日接受到鹿的命令，要求他們設法取得能夠抑制地震，名為「眼睛」（三角緣神獸鏡）的道具。這個作品後來甚至還改編成日劇與漫畫，是部非常奇幻的作品，正是因為日本經常地震，所以讀來更有感覺。

神話故事通常會描述大地是由誰所支撐著。有可能是巨人或是動物，總之多以生物為主，且是會活動的動物。由於人類踩著的大地並非固若磐石，這個不安的因素就產生了這樣的神話故事。腳踩之地，充滿了不確定性，隨時可能變動，由之而來的內心不安便誕生出了神話故事。古人為了維持內心的平衡，將不安轉成了一個形式（神話故事），以便客觀看待自然的「裝置」。

亞特蘭提斯神話故事

說到因為地震而遭受毀滅的國家，不得不提到亞特蘭提斯傳說（以下，提到關於亞特蘭提斯，是參考《疫病・災難と超古体史》文藝社文庫，二〇二〇年，第一二二頁後）。柏拉圖時代再往前九千年，位於直布羅陀海峽外海有個當時稱為「赫丘力士之柱」的亞特蘭提斯大陸。那裡的諸王統治著多數的島嶼與大陸，直到雅典娜戰勝他們後，這些島嶼與大陸才終於獲得解放。

在那之後，地震與洪水數度侵襲亞特蘭提斯大陸，最後也是最大的災禍來臨，只一天就讓整個亞特蘭提斯大陸沉入海底。

關於亞特蘭提斯在柏拉圖的《克里蒂亞斯》中有更詳細的記述。在亞特蘭提斯，一開始王族受到人民愛戴、群山產出諸多礦物、農地肥沃、神殿王宮都市的坐落都計畫得非常妥適，甚至兵力強盛。不只如此，人們智慧高並重視德性與互相友愛。然而，隨著時光流逝，人們原本的神性逐漸式微，變得傲慢無禮。宙斯因而決定懲罰他們。

《克里蒂亞斯》裡關於亞特蘭提斯的記述就停在這裡。

查證資料後發現，亞特蘭提斯位於直布羅陀海峽之外，人民素質高、國家繁盛。然而，人們卻漸漸染上惡習，終於惹怒宙斯。不知道是否與此有關聯，但是亞特蘭提斯大陸在一日之間就因地震與洪水而沉到了海底。

我們實在無法不將宙斯發怒與亞特蘭提斯的滅亡串連在一起。我認為，其中可能性是有的。也就是，地震與洪水是宙斯的懲罰，最終造成亞特蘭提斯滅亡。

比方說，希臘有這樣一則關於人類生生滅滅循環的傳說故事。

奧林帕斯諸神誕生出了以下五種人類種族。

最初的種族被稱為「黃金族」，他們不知諸神的勞苦與悲傷而活，也不知道會受悲慘的老年襲來，最終在睡夢中安穩死去。這個種族有著所有好事，豐饒的田地使他們收穫豐富。後來，黃金族從大地隱去，全數滅亡。

第二個種族是「白銀族」，是比黃金族還要劣等的種族。誕生已有百年，卻仍舊是孩童模樣，在母親的懷抱裡嬉戲成長，成長到某一年歲後瞬間失去了性命。他們互相傷害、也不侍奉諸神。宙斯因此滅了他們。

第三個種族是「青銅族」。他們跟白銀族不同，是剛毅過人的種族。好戰且不吃穀物。不論是武器或是住屋都是由青銅製成，那時還沒有發現鐵這個物質。但最終也是自滅了。

第四個時代是光輝的「英雄種族」，也就是被稱為半神的英雄時代。這個種族之所以滅絕，起因於恐怖的戰爭。例如，伊底帕斯在底比斯為了領地而戰，又為了美麗的海倫而渡海去滅了特洛伊。

最後一個種族是「鐵族」，也就是現今的人類。白日時毫不止息地勞動與悲嘆，夜晚時就被取了性命。（參考自吳茂一《新版 ギリシア神話》新潮社，一九九四年，第五五～五七頁，沖田瑞穗《世界の神話》岩波ジュニア新書，二〇一九年，第八六～八七頁，改動了標記與語尾）。

在這個神話故事中，白銀族被宙斯所滅絕。因此可以得知有著當人類變得惡劣，神就會毀滅人類的神話故事。

先不論所謂的滅亡究竟是什麼型態，亞特蘭提斯的傳說是在十九世紀後半才被人們以神話故事的形式傳頌。它也被視為是與埃及與希臘等世界文明的根源，既神祕又超自然。關於這部分，詳細請參考原田之前的書籍。再說下去會離題，我們就此打住。

海嘯的現實與神話故事

地震發生，隨之而來的海嘯也會對人類產生威脅。三一一大地震所帶來的海嘯災害，時至今日，人們依舊記憶猶新。實際上的海嘯也能變成神話故事嗎？如果可以，又是以何種形式傳頌呢？

文化人類學家後藤明先生在書裡為我們說明了實際的海嘯如何以神話故事的形式流傳後世（後藤明《神話に残る津波の記憶》笹川平和財團 海洋政策研究所Ocean Newsletter 第一五三號，二〇〇六年十二月二〇日發行 https://www.spf.org/opri/newsletter/153_1.html）。

例如，印度東邊孟加拉灣裡的安達曼-尼科巴群島，就流傳有一個關於海嘯的神話故事。

天地之初，神普爾加（Pulga）先是造了男人，並教導他森林裡有果樹，以及起火的方法。接著，祂又創造了女人，男女二人生了兒子與女兒。神又再度教導人類關於狩獵與捕魚的方法，並教導他們語言。後來，最初人類的父母死去，子孫們漸漸忽視了與神的約定，因而惹得神大怒，引起了巨大海嘯。整個地面只剩下最大的山丘，其餘土地皆沒入水中，人類也只剩下兩對男女。他們因乘坐獨木舟而獲救。由於水淹沒土地，造成生物們皆被溺死，所以神又把動物與鳥類給了倖存的人類。然而，洪水使得人類失去了火。於是，死者的靈魂變成了翡翠鳥，飛上了天，並從神的爐灶裡取得了尚有火苗的薪柴，試圖帶回地上。但薪柴太過沉重，不小心掉到了神的身上。神察覺了此事，更感憤怒，舉起薪柴就往外丟，沒料到卻丟到了倖存的四個人類正中間，人類因此又取得了火。四個人類因此感到溫暖，生活也變得有餘裕，此時，他們對於試圖想要毀滅人類的神甚感憤怒，想要殺了神。但是，神說道：「人類啊，你們所造之箭傷不了我，若你們想要取我性命，我就奪走你們的性命。」於是人類變得乖順，神因此緩下了怒火說道：「你們背棄了父母原本遵從我的約定，海嘯只是你們的造業。如果將來又再犯下同樣的錯誤，我將給予你們相當的懲罰。」說畢，神就離開了。自此，人類世代與恐懼相處，並遵從神的意志至今（引用自後藤〈Ocean Newsletter〉網頁）。

跟我們介紹這個神話故事的後藤自己提問，這類神話故事的目的究竟是什麼？是警示呢，抑或是反映現實中的災害呢？

答案的提示就在沖繩八重山石垣島所流傳的神話故事裡。

在石垣島的白保，每次村落聚會時，總有三個人老是為反對而反對。他們因為擾亂村子的安寧而被村民趕出村落，三人只能落寞地獨自生活。某日，他們釣到了人魚，但他們不知道人魚是海神的使者，竟將人魚切半，一半用鹽醃漬起來，另一半則煮成了湯。他們正要喝下湯時，鍋中與鹽漬的罐中竟傳來「人將死去大半、天災將至、天災將至。海嘯將至、海嘯將至」的聲音。三人驚慌之中將人魚肉全數丟入大海。不久，如人魚所預言的，在明和八年時大海嘯來襲。流放這三人的白保村首當其衝。三人誠心懺悔，在獲得人魚寬恕後，馬上努力復興遭海嘯襲擊的村落，至今，後代子孫繁盛（引用自後藤〈Ocean Newsletter〉網頁）。

依據後藤的說法，這則神話故事裡明確地留下了實際海嘯的痕跡。一七七一年的明和大海嘯中，受害區域與前述神話故事裡所說的地區幾乎一致。我們可以從中看出，首先是人們將記憶中對海嘯的畏懼加以神話化，然後也把從中受到的教訓寫入神話故事中。

然而，神話故事不具有教化意義，既沒有道德也沒有倫理。神話故事所扮演的角色之一是告訴人們世界是如何形成的、又是以何種狀態存在。神話故事的骨幹就是說明這一切。因此，神話故事中也包含了最原始的暴力。然而同時，如同這個沖繩的海嘯神話一般，同時蘊含著教訓，但這應該是次要的元素。

沖繩的海靈傳說

前面介紹過關於人魚預言海嘯的故事，而沖繩的宮古諸島也有同樣的故事。

從前在下地島有一個部落，某天那裡的漁夫釣到一條海靈。海靈是長著人臉的魚，會說人話。釣到海靈的漁夫想在隔天召集鄰居們一起來吃海靈，於是將海靈晾乾。沒想

> 到，夜裡鄰家的孩子開始哭泣。母親將孩子抱到庭院，聽到從海的那頭傳來「海靈啊，海靈啊，你去了哪裡呢？」的聲音。接著，她聽到隔壁院子裡的海靈說：「我被網子網住，人類想要宰殺我，快來救我。」母親聽聞後，便速速背著孩子往伊良部島跑去，接著伴隨激烈聲音的大海嘯襲來，下地島被大海沖毀得一乾二淨（參考自大林太良《神話の話》第六七～六八頁）。

海靈就是人魚。如大林所記述般（《神話の話》第六八頁），人魚是個矛盾的存在物。牠可以在陸地上召喚海水。這是因為牠原本就在水中生活。只不過，海嘯來襲就意味著人類的死亡。然而，海靈卻具有人類的臉孔，這一點就是矛盾。不僅是海靈，無論在東西方，人魚都是不祥之物。牠存在於陸地與海洋、人類與動物、文化與自然的中間，因為這樣的不穩定性才伴隨著不吉利的命運吧。

不穩定性與不吉利。與地震相同，人們對於海嘯也是充滿了恐懼與不安，是否因此才試圖藉由神話故事來客觀地看待海嘯，想要消去恐懼與不安呢？由此可以看出，作為神聖故事的神話故事能帶給人們心靈強大的力量。

海嘯與怪談

我認為，就連二〇一一年的三一一大地震所帶來的大海嘯也有神話故事產生。然而，那則神話跟我們一般所期待的神話故事樣貌不同。它是以怪談的形式出現。

金菱清的《呼び覚まされる霊性の震災学》（被喚醒靈性的震災學，暫譯。工藤優花、新曜社、二〇一六年）的第一章「死者們所經過的街道——計程車司機的幽靈現象」中提到，石巻與氣仙沼地區的計程車司機們說了許多怪談。讓我們來看看其中兩例。

三一一地震後約三個月，深夜時刻，我在石巻車站附近，載到了一位穿著冬季厚重外套的女性。乘車目的地是南濱。但是，那裡早已一片荒蕪。當我這麼一回問，那女人聲音顫抖地說：「我已經死了嗎？」然後就消失了（參考工藤，前述論文第四～五頁）。

這是發生在八月左右的事。我在石巻車站等客人，有一位穿著不合季節服裝的客人上車。目的地是日和山。我開動了車，那客人卻在不知不覺間消失無蹤（參考工藤，前述論文第五～六頁）。

類似的故事，工藤聽聞過許多。他在論文中提到，這些怪談之所以產生是由於「情緒轉變」。以下引用自他的論文。

我認為，對於三一一大地震的莫大災害，計程車司機們的情緒轉變是，內在從悲傷、驚訝到絕望。這樣的心理狀態引起了奇怪現象。因此，從驚訝與恐懼衍伸出了敬畏之情。也就是說，因為他們內心的空虛感，讓執著於當地的死去的人們以幽靈（靈魂）的形式出現，並抱持著某些神聖的情感（引用自工藤，前述論文第一六頁）。

像這樣，三一一大地震所帶來的海嘯災害是伴隨著名為畏懼的神聖性所形成的怪談，因而成為了現代的神聖故事，也就是現代的神話故事。

生活在現代的我們，雖然看來是捨棄了心裡的「神聖性」。然而，人類其實是經常懷抱著求取神聖且對神聖懷有景仰之心的。聽聞怪談時，內心的恐懼、畏懼正顯露出了這樣的情況在現代日本，「真人怪談」之所以大受歡迎，我想原因就在那裡。

另外，前面提到海靈引起海嘯的故事中，海靈的存在也是像幽靈或是媒介一般，存在於人世與另一個世界間，那不穩定且不吉利的存在，有時會視情況而可能是神聖的存在。

洪水與末日之水、原初之水

與地震、海嘯同樣會在人們記憶中留下記憶的災難，還有洪水。無論是海嘯或是洪水，都是水所引起的災難。海嘯是伴隨地震與火山爆發而來的海災難，洪水卻是因天氣變化而產生的水災難，兩者是不同的。接下來，我們來看看關於洪水的神話故事。

在《摩訶婆羅多》第三卷中記述著人類始祖摩奴（Manu）體驗過的洪水神話故事。

某日，當摩奴在河岸邊苦行，一條魚游過來與他說話。魚說：「我是小魚，很害怕大魚出現。想請你幫個忙。如果你願意，我會報恩的。」

摩奴覺得小魚很可憐，於是用手把魚撈起，放入裝了水的瓶中。摩奴對小魚很是關愛，細心照料著牠。過了一些日子，小魚長大，瓶子再也裝不下牠。於是，摩奴把小魚放在池塘。又過了一段日子，小魚變得更大，池塘再也裝不下牠，讓牠動彈不得。此時，魚跟摩奴說：

「請把我帶到海的王妃恆河女神甘伽（Ganga）那處，接下來我想要住在那裡。」

於是摩奴帶著小魚前往恆河。不久，魚又變得更大，恆河再也裝不下牠。魚又對摩奴說：「請把我帶到海裡去吧。」

摩奴又把魚帶到海裡去。此時，魚對摩奴說：「這段時間，多虧了你的照顧。接下來我說的話要仔細聽好。再不久，這世界將要毀滅。大滅絕將要來臨。你要做一艘堅固的船，在船上準備好繩索。然後帶著那邊的七仙一起，也要帶著我給你的種子。等時候到了，我會再來協助你。」

摩努聽話地造了一艘船，收集了種子，出發前往海上。當摩奴想起小魚，小魚就出現在他面前。小魚長了角。摩奴便將船上的繩索綁在角上。小魚帶著船在海裡游著。此時，全世界已經淹沒在海中。一切都被洪水所淹沒。

全世界只剩下摩奴與七仙。終於，船行駛到了喜馬拉雅山的山峰。小魚說道：「我本是創造神梵天（Brahm）。我幻化成魚，把你從洪水中救出。接下來，摩奴，請創造出神、阿修羅（Asura）、人類以及其他生靈與世界。」

摩奴聽從梵天的話，繼續苦行，後來憑己之力創造出世間一切萬物（參考自上村翻譯

《原典訳　マハーバーラタ4》，第三五～三九頁）。

述說這則神話故事的是聖人馬康德亞（Mārkaṇḍeya），據說他不老不死。即使世界末日，他仍舊會存在於世界上，所以，他能見到世界的起始與終結。他說完洪水神話故事之後，還說了一則世界末日的神話故事。

魚與摩奴所乘坐的船。一八九〇年。

當爭鬥時宇迦（Kali Yuga，印度教中四個宇迦循環中的最後一個，也是黑暗時代）終了，婆羅門將不再舉行祭典、停止學習阿育吠陀、也不再祭祀祖靈並開始吃曾經被禁絕的食物。取而代之的是，首陀羅吟唱聖詩。人們的壽命縮短，力氣變小、變得不再說真話。終於來到了世界末日，生物變得很多。世界充滿了惡臭，沒有東西是美味的。女人們生了很多小孩、身高變矮、舉止變得粗俗。乳牛只產出少量乳汁、樹木只開少量的花、結實也變少。因陀羅不再順著季節降雨，所有的種子不再按時生長。天空中掛著七顆火紅的太陽，終於把海與河川曬到乾涸。無論是乾燥或濕潤的東西，全數化為灰燼。末日之火（samvartaka）伴隨著風，吞噬了整個世界，大地迸裂開來，火也隨之進到地下界，為神、魔物、夜叉等帶來恐怖。火也燒到了龍的世界，把地下所有一切都燃燒殆盡。熊熊火焰把神魔都一併燒盡。之後，天空出現閃電、奇妙的各式雲朵。彩色的雲朵覆蓋天空，延伸至全世界，然後，豪雨落下。大雨連續下了十二年，海漫過了邊境，擊碎了山峰與大地。

我獨自飄蕩在這被摧毀的世界上，舉目不見任何生物。大海一望無際，找不到一處可以停靠的地方。

不久，我遇見了一棵高大的榕樹。樹上有一個鋪著神聖椅墊的椅子，有一名童子正坐其上。臉面猶如滿月，雙眼如蓮花般大。我從未見過這童子。但，童子開口對我說：「馬康德亞呀，我悉知你所有的事。來，進到我體內來休息吧。」

說畢，童子就張開口把馬康德亞（Markandeya）吞入體內。

馬康德亞在童子體內見到全世界。那裡不但有鄉村也有都市，還有所有的河流、大海、月亮與太陽照耀天空。大地有森林覆蓋著，婆羅門在舉行祭典，剎帝利（katriya）統治著世界，吠舍（Vaiśya）農耕著，首陀羅們則服侍著婆羅門。

山川層疊。動物們在山林中休憩。也有神與神族們。各種神的敵人也都在。

我看了全世界，但看不到盡頭。因此，我請求偉大的大神庇護我。然後，突然吹來一陣強風，把我吹出了神的口中。祂也同樣坐在榕樹的樹枝上，一邊支撐著世界，安坐著。以童子之姿，散發著光芒，身著黃衣。（參考自上村翻譯《原典訳　マハーバーラタ4》，第三五～三九頁）

淹沒地表的摩奴洪水與馬康德亞見到的世界末日與原初之水，具有同樣的意義，這應該不難聯想。水在世界之初就存在著。後來水變成了洪水，毀滅了世界，吞沒了全世界。接著，又誕生出世間萬物。

人類體驗了洪水這一般性的存在與對洪水的畏懼之情，因而誕生了「世界末日之水與原初之水」的神話故事。

世界的洪水神話

雖然世界上有很多與洪水有關的神話故事，但我認為可以關注同時有洪水與原初之水神話故事的區域。美索不達米亞地區剛好就具備這樣的條件。美索不達米亞地區的《吉爾伽美什史詩》被認為是世界上最古老的敘事詩，裡頭提到了有關洪水的神話故事。

眾神決定要發起一場毀滅人類的大洪水。恩奇杜（Enkidu）私下跟賢者烏特納比西丁（Utunapishtim）提起這件事，並教導他要造船以逃過洪水之禍。於是，烏特納比西丁建造了一艘巨大如箱形的船（方舟），並在船艙裡放入所有的金銀，以及地面上所有生物、親眷、野獸、野生動物，以及各行各業的師傅。他自己也進入船艙，然後牢牢封住入口。

果然，天候變得非常糟糕。女神伊南娜（Ishtar）感嘆：「都是因為我們眾神集結並說出這些糟糕的話，才導致今天這樣的結果。明明是我生產出了人類，明明他們當初像魚卵般眾多。」之後，眾神與伊南娜都哭了起來。

從隔天起整整六日六夜，大洪水無情地吞噬地面。方舟漂流到了尼西爾山（Mount Nisir）。烏特納比西丁首先打開艙門，放出了鴿子，但由於地面上無處可供停靠，鴿子很快就回到了方舟。不久後，烏特納比西丁又放出燕子，但燕子也返回了方舟。又過了一陣子，他放出了烏。烏在水退了以後的地面上找到了食物，所以沒有飛回方舟。

烏特納比西丁因此得知，洪水已經退去，於是，他放走了所有生物，並跟家人一起步出方舟，焚香祈禱著向眾神表達感謝（參考自矢島文夫翻譯《ギルガメシュ叙事詩》）ちくま学芸文庫，一九九八年，第一一八～一二九頁）。

世界因為大洪水而改頭換面。據說，人類在大洪水過後全部成了黏土。由於當初眾神就是用黏土造出了人，於是世界又回到原初的樣貌。

另外，關於原初之水，在巴比倫神話中，有個故事是在講述世界只有真水之神與海水女神，這兩種水相混合後就產生了孩子。

即使在巴比倫，也有由原初之水與洪水再造新世界這兩種概念。

在《吉爾伽美什史詩》中所記載的洪水神話，為後世帶來廣泛的影響。以諾亞方舟聞名的《舊約聖經》中的洪水神話，也是受了這部史詩的影響。

故事是這樣的。

主要的神因為在越來越多地上的人類造惡，祂眼見人類經常盤算著惡事，開始後悔在地上造了人，太痛心之下，祂想要把人類從地上抹去。但是，祂知道地上有善人如諾亞與其家人，於是釋出善意，決定告訴諾亞能得到神助的方法。祂對諾亞這麼說道：

「請你跟妻子、孩子，以及媳婦們一同進入方舟內。由於也要把所有動物們都裝入方舟中以讓動物們跟你們一起延續性命，所以須要建造兩艘方舟。

記得，動物們要雌雄都有，並且要收集足夠你們跟動物們吃的食物。

不久，天像是破了個洞般，降下了大雨，在地上引起了大洪水。大洪水淹沒地面連續四十天，並持續一百五十天沒有退去。

諾亞與家人、動物們所乘坐的方舟最終停在亞拉拉特山山頂上。諾亞從方舟的窗戶放出了鳥。但鳥只是在水面上飛來飛去。接著，他放出了鴿子，鴿子因為找不到落腳處又飛回方舟。諾亞又再等候一段時間再放出鴿子。這次，鴿子銜回了橄欖枝。又等了七天，諾亞再次放出鴿子，這次鴿子就沒再飛回。

於是，諾亞打開方舟的門走了出去，設好祭壇，將家畜與鳥獻祭於祭壇上，點火向神表達感謝之意（參考自關根正雄翻譯《旧約聖書　創世記》岩波文庫、一九五六年，第二二～二八頁）」。

《吉爾伽美什史詩》中的洪水神話與「諾亞方舟」的故事不只具備了故事的基本架構，兩者的共通點是都由鳥來確認洪水是否退去。在故事裡應該不可能存在偶然的一致。於是，我們認為「諾亞方舟」是有受到古時《吉爾伽美什史詩》影響。

希臘也有洪水的神話故事。

有位叫做普羅米修斯的神跟人類交情很好，也是祂把火帶給了人類。普羅米修斯有個兒子叫杜卡利翁，兒子的妻子是皮拉。皮拉是人類最早的女人潘朵拉的女兒。這個時代是青銅時代。此時，宙斯正打算引起大洪水來毀滅人類。於是普羅米修斯交代杜卡利翁要造一艘方舟。他將必要之物都放入其中，然後跟妻子皮拉一起坐進方舟中。後來，宙斯讓大雨降下，大地因此浸泡水中。人類被滅絕了。

杜卡利翁坐在方舟裡，在大海中漂流了九天九夜，最終漂流到帕納塞斯山。由於雨停了，杜卡利翁向宙斯獻祭。此時，宙斯要求杜卡利翁許願，他希望人類能重獲新生。

宙斯同意了，於是便撿起石頭投向杜卡利翁夫妻倆人，投向杜卡利翁的石頭變成了男人，而投向皮拉的石頭則成了女人。於是，人類再度開始繁衍（參考自Apollodros著、高津春繁翻譯《ギリシャ神話》。岩波文庫、一九五三年、第四〇～四一頁）。

在這個故事中，神先是打算要引起足以毀滅人類的洪水，然後事先教導一對夫妻，要他們造一艘方舟進入其中，讓他們從洪水中生還，最終得到神的原諒。這樣的故事發展是在《吉爾伽美什史詩》與《舊約聖經》中所共通的。因此可以明確知道，兩者都受到美索不達米亞神話的影響。

即使不是受到美索不達米亞神話的影響，洪水的神話故事其實也存在於世界各地（雖不是到處都有，但非洲等處也有）。舉例來說，中國的廣西省有這樣的故事。

某位父親扶養了兩個十幾歲的兄妹。某次，天下雷雨，雷公單手拿著斧頭從天而降，被父親用刺叉抓住關進鐵籠，放在家中。

隔天早上，父親出門前告誡兩兄妹說：「絕對不能給雷公喝水。」結果，父親出門後，雷公不斷苦苦哀求說：「請給我喝水，只要用刷子沾點水滴下給我就好。」兄妹倆覺得雷公很可憐，就用刷子滴水給祂喝。沒想到，雷公因而從鐵籠裡逃脫。為了感謝兄妹倆，祂送給他們一顆自己的牙齒，請他們立刻埋進土中，一旦有災難降臨，就躲進牙齒長出的果實裡，說畢就離去。

父親回家發現後雷公已經逃脫，於是急忙造了一艘鐵船。兄妹倆則把牙齒埋進土裡。沒想到立刻發了芽，不到兩天就長出了巨大的葫蘆。兄妹倆挖空葫蘆內部，剛好足夠他們倆躲藏。

父親的鐵船完成後，大雨隨即降下，甚至連地底下都冒出水來。大洪水來臨，地面上成為一片汪洋。父親跟兄妹倆說：「快快躲起來，雷公來復仇了！」兩人便躲進了葫蘆裡。父親則乘坐著鐵船來到了天邊，拜託天神停下洪水。待洪水停下後，由於水退得太急，造成鐵船從天掉落，摔得粉碎，父親也因而死亡。

兩兄妹長大成人後結了婚。妹妹生了一肉塊。她嚇得將肉塊丟在地上，沒想到肉塊變成了人。兄妹倆成了人類的新祖先（參考自蜂屋邦夫《中国の水の物語　神話と歴史》法藏館，二〇二二年，第二二～二四頁）。

這個神話稱為「兄妹始祖型洪水神話」，這類故事分布從中國南部到東南亞、印度中部。也有變形為哥哥與母親結婚或是人與狗結婚的故事。

在中國，還有其他像是「石像血」等關於洪水的神話故事。例如，中國山東省的漢族就流傳有這樣一則故事。

有一位少年照顧著一個老婆婆。少年每日幫老婆婆洗澡、抓蝨子。老婆婆跟少年說：「別把蝨子丟了，將牠們裝進罐中埋到庭院地底，等洪水來時，再把罐子挖出來。」少年回問老婆婆：「洪水什麼時候會來呢？」老婆婆答道：「等牢房前的石獅子眼珠子變成紅色時。」同時，老婆婆也囑咐少年要用木頭造一艘小船，並裝入小箱子中。

少年聽從了老婆婆的話，每天觀察石獅子的眼睛。有個男人聽到少年的話，故意在石獅子的眼睛塗上紅色。少年看見紅色眼睛後急忙跑回家告訴母親與老婆婆，並把罐子從庭院裡挖出來，從箱子裡取出小船。罐子裡原來是滿滿的珍珠，而原本的小船則越變越大，變成了能載人的大船。母子倆坐入船中，最後倖免於難（參考自大林太良、伊藤清司、吉田敦彥、松村一男編著《世界神話事典　創世神話と英雄伝説》角川ソフィア文庫，二〇一二年，第一二五～一二六頁）。

這個故事廣泛出現在中國各地，在日本被視為「高麗島型傳說」。

到目前為止，我們看了許多關於洪水的神話故事，然而，我認為世界許多區域常見的地震或海嘯、洪水神話故事的骨幹是關於災難的「記憶」。當我們在讀神話故事，過去所累積的龐大記憶都會出現眼前。而將原本的神話故事再加以刪減並重新述說的，則是現在的我們。

「述說起源」是神話故事的特性，包括講述世界是怎麼形成的？人類又是如何出現的？同樣的，人們也會透過神話故事來解釋災難為何會出現。例如，地震是因為巨人或是魚身晃動而引起；海嘯是因為神或是被捕抓到的人魚的憤怒所帶來的；洪水也是來自神的憤怒，導致人類滅亡。無論是世界的起始或是終結，都有水的存在。

災難的發生恐怕是最不合邏輯的。相對於災難，人類試圖用各種說法試圖去解釋災難。神話故事正是其中一種說法。人們藉由將災難融入「神聖故事」中，以淡化災難所產生的各種痛楚。

第二章

現代的戰爭——烏克蘭

二〇二二年二月二十四日，俄羅斯的普丁總統進軍烏克蘭。在這場戰爭中，烏克蘭產生了許多英雄神話。

擊落六架俄軍軍機的烏克蘭軍機駕駛被人們封為「基輔幽靈」。但是，有個說法認為，他可能是虛構的人物。無論如何，我們可以說，在這場戰爭中，誕生了傳說或是神話故事。

戰爭中，也有關於自我犧牲的故事。在烏克蘭，為了防止俄羅斯的進攻，有一名士兵在橋上自爆，轟掉了一座橋。

另一邊，在蛇島上，烏克蘭十三名防守軍人犧牲自己以保護更多人。但後來經確認，這些軍人都平安活著。這類故事都具有英雄神話的特性。

我已經一一確認（二〇二三年六月）了這些資訊，但或許仍會有失誤。不過總之，現今的我們正碰上了這些各式「英雄神話」的誕生之際，雖然是以最糟的形式。

在這一章裡，我想帶各位來看看神話故事裡的戰爭。對於多數人類來說，戰爭是共通的經驗。然而，神話故事裡又是如何描述的呢？又具有什麼樣的故事功能呢？我們一起來思考看看。

原初諸神的戰爭

神話故事中經常可見與戰爭有關的故事。我們先把戰爭定義為「集團間的爭鬥」。在神話故事中，無論是諸神或是人類，都會發生戰爭。首先來看諸神的戰爭。在美索不達米亞，原初的戰爭後，世界秩序終於安定下來。

那是發生在尚未為上方命名為天空、未為下方命名為大地的原初時代。世界上只有淡水男神阿勃祖（Abzu）與鹹水女神提阿瑪特（tiamat），兩邊的水混合在一起。當時還沒有草地，也沒有出現繁茂的蘆葦欉。

當兩人的水相混合，眾神誕生了。然而，年輕的諸神在其居住地喧鬧不休，打擾到提阿瑪特。而阿勃祖也沒能停止年輕諸神的爭端。雖然提阿瑪特為此變得憂鬱，仍試圖對年輕諸神寬容一些。然而，阿勃祖則覺得忍無可忍。祂告訴提阿瑪特說，自己想要毀滅掉那些年輕諸神。提阿瑪特聽聞後，憤怒地反對。

阿勃祖想要毀滅年輕諸神的想法被諸神發現，有智慧的恩基思考對策，打算讓阿勃祖熟睡，並殺害祂。恩基與其妻達姆金娜（Damkina）後來生了馬爾杜克（Marduk）。

一方面，提阿瑪特計畫著要為丈夫阿勃祖報仇。於是祂先後生下有七個頭的蛇等十一隻怪獸，其中之一的金古（Kingu，也譯為金固）就是戰鬥的指揮官。

諸神請求馬爾杜克與提阿瑪特戰鬥。馬爾杜克答應了諸神，並與諸神約定好，祂將成為最大、能定天命的神。祂武裝了自己與提阿瑪特戰鬥。祂將惡風吹進提阿瑪特的嘴裡，使提阿瑪特無法合嘴，趁此射入弓箭。弓箭穿過提阿瑪特的內臟、射穿了心臟。提阿瑪特遭到殺害。馬爾杜克從提阿瑪特身上取下了贈自將軍金谷的「天之石板」掛在自己胸前。

接著，馬爾杜克將提阿瑪特的身體一分為二，一半固定在上，成為天空，一半固定在下，成為大地。提阿瑪特的頭上成為山巒，兩眼則成為幼發拉底河與底格里斯河的水源（參考自月本昭男翻譯、註解《バビロニア創世叙事詩　エヌマ・エリシュ》ぷねうま舎，二〇二二年，第八～七八頁，以及杉勇譯者代表《古代オリエント集》筑摩世界文學大系1，一九七八年，第一〇八～一一三頁）。

根據這個神話故事所說，世界初始時，淡水神與鹹水神交流後，諸神便誕生了。然而，之後由於父母神與年輕諸神之間發生嫌隙，最後演變成戰爭，母神提阿瑪特遭到殺害，世界因此誕生。世界的秩序因殺害的結果而建立。

原初時代的殺害、死與農耕的開端

戰爭多是指集團間的殺戮。在此，我們可以假設，比戰爭神話故事更早一個階段就有著殺戮的神話故事。如此一來，在說明人類死亡與農耕起源的神話故事中，就有殺戮的動機。例如接下來要介紹的印尼塞蘭島（Ceram）上韋馬萊族（Wemale）所流傳的故事就是其典型。

有位名叫阿梅塔的未婚男人在狩獵途中發現了一顆椰子上有野豬的牙齒。在此之前，地面上並沒有椰子樹的存在。阿梅塔把椰子埋進土裡，三天後，椰子種子發芽長大。再過三天，幼苗長大開花。他爬上椰子樹摘取花朵，想要做成飲料。不料卻在採摘花朵時不慎割傷了手，血滴到椰子花上，從花朵中誕生出了一個五官齊全的人類。再隔三天，該人類的身體長成，又過三天，變成了一位小少女。阿梅塔把少女帶回家，並為她命名為海奴韋萊（Hainuwele）。

海奴韋萊生長速度非常快，只花三天就長為女人。然而，她並不是普通人類，她的排泄物中有著高價的盤子與銅鑼。阿梅塔因此成為大富豪。

有一次，村子裡舉行了連續九天的馬若（Maro）舞蹈大祭典。在祭典中，海奴韋萊每天都送給村民們高價的盤子、裝飾物以及銅鑼。漸漸地，這使村子裡出現了詭異的氣氛，人們開始忌妒海奴韋萊的富有，於是在祭典第九天時，大家群起合力地將海奴韋萊推入事先挖好的地洞裡，並將其殺害。在填完土後，將地面踏平，不留一點痕跡。

由於海奴韋萊在祭典後遲遲未返家，於是阿梅塔藉由占卜找到了她的屍體，並將其切得細碎埋進地下各處。之後，在埋有海奴韋萊細碎身體的土地上長出了各種物品，尤其是後來作為主食的芋頭。於是人們從此開始種植芋頭維生。

那時，地面上是由名為撒泰妮（Mulua Satene）的女神所統治。女神得知此事後，便詛咒了殺害海奴韋萊的人們，於是他們有了死亡的命運。原本在那個時代，人類是不死身。然而，因為海奴韋萊的死，世界有了最初的死亡。從那之後，人們就得面臨死亡〔參考並簡錄自阿道夫・埃爾加德・延森（Adolf Ellegard Jense）著，大林太良、牛島巖、樋口大介翻譯《殺された女神》弘文堂，一九七七年，第五四～五八頁〕。

這則故事的重點，首先是神聖性的少女在活著時，她的排泄物會出現貴重的東西，其次是她遭殺害後，屍體長出有用的植物。關於前者，在神話原本的型態下，從少女身上排泄出的是某種食物。

據採集並分析此神話故事的德國民族學者阿道夫・埃爾加德・延森（一八九九～一九六五年）表示，這則神話故事的基底是古栽培民文化。古栽培是指栽培芋頭或水果等人類最古老的栽培文化。尤其用芋頭的栽培來說明海奴韋萊的命運最具說服力。栽培芋頭時，必須將做為種子的芋頭切成數塊，並將這些芋頭塊埋入土中。如此一來，就會從土裡長出新的芋頭來。而海奴韋萊也是因為屍體被切成數塊，才從埋屍地長出最初的芋頭。也就是說，她本身就是芋頭。因此，芋頭才須要被切成塊，埋進土裡繁殖。對於人們來說，芋頭的栽培只能靠殺害海奴韋萊（芋頭），別無其他可能。在吃食芋頭時，人類正重複殺害海奴韋萊（芋頭）。

這樣的邏輯出現在平常我們吃魚、肉時，會取動物性命後享用。但是，在吃食芋頭時，卻不會聯想到取了芋頭的性命。然而，實行古栽培的人們確實是這麼想的。他們認為，吃食芋頭就等於殺害生命。因此，人類才會編纂出這類殘酷行為的神話故事，並一直流傳下去。

神聖少女被殺害，身體被切成數塊後變成可食用植物的故事，確實是非常殘酷。各位或許會疑惑，這則故事為何會如此殘酷呢？那是因為，人類本身就是殘酷的。因為若不殺害其他生物，將牠們吃下肚，就無法存活。不只動物，我們也會殺害並吃下植物以延續生命。神話原原本本地展現出人類存在的樣貌，即便那並不是我們希望的形式。

由於海奴韋萊的死，這些人類有了死亡、產生了農耕文化的神話——「海奴韋萊型神話故事」。它制定了人類的存在方式、建構了秩序。這一點與美索不達米亞的提阿瑪特被殺害的神話故事具有相同意義。

在《日本書紀》第五段一書第十一中也有記載與海奴韋萊神話故事相同型態、也是述說食物起源的神話故事。

某日，食物之神——保食神為了招待天照大神的弟弟月讀，從自己的口中吐出飯，以及魚、鳥、獸的肉。沒想到，月讀親眼見到這一幕後，認為保食神想要讓祂吃下髒汙的食物，並為此感到非常憤怒，於是當場殺死了保食神。天照大神聽聞這件事後，為自己弟弟犯下的暴行感到憤怒，當場宣布從此後再也不見自己的弟弟。隨後，天照大神派其他神去查看狀況，發現保食神的頭長出了牛與馬、額頭長出粟米、從眉毛長出蠶、從眼睛長出稗草、從腹中長出稻米、從陰部長出麥子與大豆、小豆。天熊人拾起這些東西獻給天照大神，天照大神一看大喜，並決定將粟稗豆麥作為農作物，供給人類吃食。另外，祂將稻子作為水田的作物，於是首次在天上耕作稻田。天照大神還將蠶放入自己的口中拉出細絲，開始養蠶（參考自坂本太郎、家永三郎、井上光貞、大野晉校註《日本書紀（一）》岩波文庫，一九九四年，第五八～六〇頁）。

在這則神話故事中，月之神月讀殺害了食物的女神保食神，保食神的屍體長出穀物的種子，成為農耕與養蠶的起源。殺戮與文化的產生是有關聯的。另外，在這個神話故事中，太陽的天照大神與月亮的月讀，分別代表了晝與夜，祂們極少同時出現這件事也算是太陽與月亮不同時出現的起源。也就是說，天照大神對保食神被殺害感到憤怒，宣告不與月讀碰面，這就使晝夜的時間秩序得以成立。

在海奴韋萊型神話中，神聖性少女的排泄物成為貴重物品與食物。在日本神話的大宜都比賣與保食神的故事中，女神口中所吐出來的食物與排泄物也是食物。究竟這樣骯髒的東西為什麼會成為重要的食物呢？神話故事就是用來敘述世界從無秩序到有秩序的。如果就排泄物的狀況來看，單純就是食物從嘴巴進入身體，在體內被消化吸收，最後成為排泄物被排出體外，這就是有秩序的身體功能。然而，在這個秩序被建立之前，人們並無法區分排泄物與食物。「排出體外的髒汙物」與「攝入體內的乾淨物」。透過少女或女神遭受殺害的事件，人類才初次區分出排泄物與食物的差別。這則神話故事要說的就是這個。

殺戮與秩序的建構

在美索不達米亞的神話故事中，也有關於殺戮與建構秩序的故事。

有兩位名為魁札科亞托（Quetzalcoatl）與特利波卡（Tezcatlipoca）的神。兩人從天而降時，看見海上有個叫特拉爾特庫特利（Tlaltecuhtli）的怪物女神來到他們面前。怪物從張大的嘴巴露出巨大的牙齒，身體各處長著嘴巴。兩位神認為，如果放任這個怪物不管，祂們將無法創造天地，於是變身為雙頭的大蛇。其中一頭纏住怪物女神的左手與右腳，另一頭則纏住怪物女神的右手與左腳，分別往兩個方向拉扯，怪物女神因此裂成兩半。上半身成為大地，而飛出空中的下半身則成為天空。

眾神讓從怪物女神所變成的大地上生長出人類生存所需的各種植物。牠的頭髮變成草木與花、皮膚則長出草與小花、眼睛變成泉水與小洞窟、嘴巴變成大河與洞窟、鼻子則變成溪谷與山巒。

怪物女神特拉爾特庫特利一到夜裡，會發出想要吃食人類血液與心臟的悲痛哀鳴。為了鎮壓住牠，人類只好將血肉餵食予牠（參考自卡爾・安德里亞斯・陶布Karl Andreas Taube著，藤田美砂子翻譯《アステカ・マヤの神話》MARUZEN BOOKS，一九九六年，第六一～六二頁）。

當最初的存在遭受殺害，世界的結構與秩序就會重新調整，這則神話故事正是在述說「犧牲」是人類文化的創始點。

在美索美洲（Mesoamerica）的神話中，認為藉由女神的犧牲而創造了世界。在其他則故事中，則是提到眾神的犧牲創造了太陽。人類就生存在因眾神犧牲所創造的世界中，人類生存著。因此，我們也要犧牲對自己來說最重要的東西——也就是性命。這樣的想法，使得人類頻繁地做著獻祭的儀式。雖然普遍認為這樣的做法很野蠻，但是對於在神話中活著的人們來說，是非常崇高且不可欠缺的文化。

火的發生與殺害

作為原初時與殺害有關的神話故事，在日本有個殺害火神迦具土的故事。

原初的神伊邪那岐和伊邪那美結婚後，首先誕下了國土，接著生下了眾神。然而，伊邪那美在生火神迦具土時燒傷了陰部，並因而死亡。感嘆妻子死去的伊邪那岐，用劍殺死了自己的孩子迦具土。結果，從迦具土的血中，誕生出了石頭之神、美迦速耶和比邪那微兩位火神，以及劍神武甕槌與水神。從遭受殺害的迦具土的身體各部位則誕生了許許多多的山神（參考食野憲司校注《古事記》岩波文庫，一九六三年，第二四～二五頁。以下關於《古事記》的出處都是同一本書）。

我認為，迦具土恐怕是最初的火，危險到會殺了母親的火。由於這種火讓人類使用太危險，所以迦具土才會遭到殺害，從祂的血中另外又誕生了名為美迦速耶和比邪那微的火神，也就是自然之火，這才是人類得以使用且崇高又穩定的火。

先有生才有死

根據目前所介紹的神話故事可以發現，殺害是世界生成、人類生命，以及豐饒的前提。我認為《摩訶婆羅多》裡所提到的索瑪迦王的故事，詳盡的描述了神話性的世界觀。這是索瑪迦王為了生育更多兒子，而讓自己的某個兒子作為獻祭者並加以殺害的故事。

古時候有位德高望重的國王，名為索瑪迦王。他娶了一百個妻子，為了生下兒子，他與眾多妻子們很努力許久，但一個孩子也沒有生下來。即使已經老邁也仍舊努力著。某日，那一百個妻子中，終於有一人生下了名為詹陀的兒子。所有母親們都很寵愛他，為他達成所有他想要的與喜歡的事，經常跟在他後面團團轉。

某日，雌蟻咬了詹陀的屁股。由於被咬的地方很痛，於是小詹陀哭了起來。所有母親們都深感悲傷，也圍繞著詹陀哭了起來。大家一起哭的聲音實在太吵雜。當時，索瑪迦王正與大臣們集會，而祭祀官們也都在座，這一陣突如其來的悲哭聲驚動了索瑪迦王。他遣人去查看原委，這才知道是因為兒子被雌蟻咬了。一向勇猛的索瑪迦王急忙站了起來，與大臣們進入後宮去安撫兒子。等小詹陀情緒穩定，索瑪迦王從後宮走出來後，他與大臣們以及祭祀官們又繼續集會。

索瑪迦王開口說道：「只有一個兒子就會這麼寵。如果沒有還比較好。由於生靈經常受苦，只有一個兒子也真是悲哀。婆羅門啊，你們嚴選了百人妻子給我，與希望有兒子的我結婚了。但是，她們都無法懷孕。我明明那麼努力了，卻只生下詹陀一個兒子。真是太不幸了。世界上還有更不幸的事嗎？我與妻子們都已經年邁。最高的婆羅門啊，我的妻子們跟我都仰賴這一個兒子。請問有沒有可以生下一百個兒子的祭儀呢？為了那樣的祭儀，無論要我奉獻什麼都無所謂。」

祭祀官聽聞後說道：「確實有個祭儀能讓您生出一百個兒子。如果您想要我舉行那樣的祭儀，請容我仔細向您說明。索瑪迦王！」

索瑪迦王說道：「不論是該做或是不該做的事，都請務必舉行能讓我生出百位兒子的祭儀。尊者啊，請告訴我。」

祭祀官接著說道：「我的王啊。在舉行祭儀時，請犧牲您的兒子詹陀。如此一來，在不久的將來，您將有百位兒子出生。當我將脂肪做火供，請母親們聞嗅那個煙，這將讓她們生出非常強壯又勇敢的兒子們。您的兒子詹陀也將重新回到她母親的肚子裡，再次出生。再生的他左脇側會有一個黃金的印記。他不僅有容貌與才智，也是百名兒子中最優秀的。」（第三卷第一二七章～一二八章。筆者翻譯、要約。沖田瑞穗《マハーバーラタ入門》勉誠出版，二〇一九年，第一一〇～一一二頁）

在這則神話故事中，國王要犧牲一個兒子的性命來換取讓妻子們懷上百名兒子。生殖的前提是死亡。可說是與海奴韋萊的故事，也就是藉由殺害才產生芋頭的邏輯是相通的。

然而，為何索瑪迦王明明已經有一個兒子，卻還想要更多兒子呢？我想，這與印度的祖靈信仰有關。在印度，輪迴轉世的思想有很高的地位，即使在邏輯上有著矛盾，祖靈信仰仍舊非常盛行。人死後會成為祖靈，與先祖的靈合而為一。而且，一定要仰賴後代子孫所供奉的祭品。而能為祖靈們獻上祭品的只有子孫，並且只限於男子。因此，人們無論如何都會祈求自己能生下兒子。索瑪迦王雖然已經有了詹陀這個兒子，但是為了後代子孫能確實祭祀死後的自己，只有一個兒子顯然是不夠的。要有一百個兒子才能放下心。

刻印的圖像

如前所述，在印尼的神話故事中，神聖性少女海奴韋萊在活著時，從體內排泄出了許多的貴重物品（恐怕在原本神話故事中，說的是排泄出許許多多的食物）。然而，人們殺害了她。她的屍體被切塊後長成了最早的芋頭，而人們吃食芋頭便得以延續生命。

在這則神話故事中，屍體被切塊的意象具有重要意義。因為海奴韋萊的死，成為了芋頭栽培的背景。芋頭一般是要切塊後種入土裡才能成長。海奴韋萊作為芋頭的女神，正須要被切割。

這個被切割的意象，無論在印度或其他地區的神話中都可以見到。接著來看《摩訶婆羅多》裡的神話故事。

正要成為俱盧國王妃的甘陀利（Gandhari）在婚前的某日，又飢又累又憔悴的廣博仙人（Vyāsa）來到她眼前，甘陀利好好地款待了廣博仙人，所以，廣博仙人答應幫甘陀利完成願望，讓她有百位兒子。後來，甘陀利與持國（Dritarashtra）結婚，順利懷孕，但過了兩年卻遲遲未生產。期間，她聽聞弟媳貢蒂（Kunti）順利產下長男，在極度煩惱之下，她開始用力捶打自己的肚子，因此生下了一個肉塊。正當她想丟棄肉塊，廣博仙人出現，並把冷水澆灌到肉塊上，肉塊立刻分成百塊。廣博仙人再把肉塊各裝入裝了酥油的瓶子中，並謹慎守護瓶子。又過了兩年，廣博仙人吩咐甘陀利打破瓶子後離去。時候終於到了，從瓶中誕生出以難敵（Duryodhana）為首的一百個兒子（總稱俱盧族Kaurava）（引用自第一卷第一〇七章，筆者翻譯、要約）。

將肉切成塊，並從中獲得子孫。同樣的意象在第一章的中國洪水神話故事也曾出現。從洪水中倖存的兄妹倆結婚後，產下一個肉塊，將肉塊切成多塊後，生出了人類。

可以說，這些在印度或是中國的肉塊分割類型神話故事中，可以看出是以海奴韋萊型的、根莖類栽培文化為前提的要素。

子孫繁榮與殺害

生殖與死亡互為表裡，這是神話性思考。尤其經常可在海奴韋萊型的神話故事裡見到。有一篇恐怖的論文顯示，類似行為在不久前的印度仍舊存在。這是一篇名為「為了得到子嗣而有的祭儀式殺害」（"*Ritual Murder as a Means of procuring children*" by Sir Richard C. Temple, The Indian Antiquary, 1923,May,pp.113-115）的論文。

印度領安達曼群島的中心城市波特布萊爾曾經是一個流放地。以下是那處的犯罪者殖民地監督所記錄的，關於北印度為所熟知的習慣事例。

1.貝姬

一八九五年十二月二日進入波特布萊爾的流放地，兩年後死亡。一八九三年五月五日被判殺人罪。時年四十歲左右。她與女兒阿蜜莉都有嫌疑。

這對母女在一八九三年三月二日時，共同殺害了三歲的女童貝坎姆。如她們所供述，貝姬相信，只要殺了別人的長男或長女，並在屍體上沐浴，她自己就能生下兒子。因此，某日，當貝坎姆在貝姬家附近與她另一個女兒阿萌遊玩，貝姬與阿蜜莉趁機將貝坎姆帶回家中，並用刀子割開她的喉嚨。她們先是將屍體藏起來，隔天再埋到家裡的一角。再隔天，阿蜜莉將屍體運到村子裡池塘邊的大麥田裡，貝姬便在屍體上沐浴，然後將屍體丟到池塘裡。後來因為屍體浮起而被其他人發現。

2.臼伊

一八九六年被判殺人放火罪。她在茅草小屋裡放火，燒死在其中熟睡的兩名男子。根據她的自白表示，她是為了得到孩子，才聽從咒術師的建議，在茅草小屋縱火。因為她結婚十二載，雖然有過兩個孩子，卻都在年幼時就夭折，在那之後就再也沒有懷孕過。

依據判決，在十九世紀的北印度，女性們為了能產下孩子，以祭祀為目的殺人事件並不少見。

在這裡舉的事例，是以生為前提的死亡。這樣的思考方式，在以海奴韋萊型神話為基礎文化的邏輯上是說得通的。從遭受殺害的女神屍體上會長出有用的植物這類神話故事，同時說明了人類的死亡起源與生殖所帶來的子孫繁盛。在近代的北印度，這樣的世界觀更極端地偏向子孫繁盛，勝於農作物的豐饒。

斬首與豐饒

接續關於殺害的神話故事，我想要談印度象神（Ganesha）的斬首故事。

有一天，濕婆神的妻子雪山神女正在沐浴時，丈夫突然返家撞見祂，祂為此感到羞恥，因此決定生一個自己的兒子，當作看門的人。於是，雪山神女取下身上的污垢，並

象神的詳細畫像，一七六四年。

用它捏出一個人形，就這樣，一個神誕生了，而祂就是象神。雪山神女命令象神當看門人，並開始沐浴。

結果，某日濕婆神回到家，想要進入浴室查看，但由於象神頑強地堅守著門口，所以，濕婆神不得其門而入，濕婆神與象神戰鬥起來，兩人你來我往很長一段時間，最終濕婆神取下了象神的頭顱。

得知象神被殺，雪山神女陷入深深的悲傷之中。為了解開妻子的心結，濕婆神決定把第一個經過眼前的人斬首，並把他的頭顱裝在死去的象神身上。結果第一個經過的是一隻只有一支象牙的大象。於是，濕婆神把象頭裝在象神身上，象神就成了只有一支象牙的象頭神（參考自沖田瑞穗編譯《インド神話》岩波少年文庫，二〇二〇年，第一五二～一六一頁）。

這個故事講述了象神被斬首後，被接回了象頭，接著重生。

但是，如果把焦點放在被斬首的部分，會讓人想起獵頭顱的故事。獵頭顱有極高可能性是指，在東南亞等地的早期農耕民族間，為了獲得豐收所採取的做法。（山田仁史《首狩りの宗教民族学》筑摩書房，二〇一五年）。例如，據說印度北邊與緬甸交界的那加族（Naga），就有為了確保豐收，而將相遇的某人加以斬首或切掉手足的習俗。那些身體部位會被立在想要豐收的農田裡的（山田《首狩りの宗教民族　》，第一七七頁）。

另外，台灣布農族的頭目曾在一九六七年接受民俗學者漢斯・約阿希・馬爾塞（Hans Joachim Schröder）的訪問，訪問內容如下。

砍下敵人的頭顱有助於種子發芽。因此，頭顱是種子的朋友。我所說的究竟是否為真呢？取下的是敵人頭顱！沒錯！那是先人的傳統。斬首的是敵人的頭顱。如果沒有頭顱，我們就不會有獵物、收成的作物跟幸運。先人是這麼說的。所以，頭顱說起來就是種子的朋友（以下省略）（引用自山田《首狩りの宗教民族学》，第一八五頁）。

如果能從斬首這件事中看出豐饒的意義，那麼身為生殖與豐饒之神的濕婆神將兒子斬首的故事背後，或許也隱藏了豐饒的神話故事的意義。

遭到殺害的植物神

在神話故事中，遭受殺害的神有時候是植物神。比方說，在希臘神話故事裡的阿多尼斯（Adonis）。

阿多尼斯出生於樹幹中，長大後將樹幹撐破誕生於世。阿芙蘿黛蒂看見赤身裸體的祂，深深受到祂的美貌吸引，並決定在祂長大成人後，讓祂成為自己的愛人，於是將阿多尼斯藏於箱子裡，並將箱子交給冥界女王波瑟芬妮保管，同時再三告誡祂絕對不能查看箱子裡的東西。

但是，波瑟芬妮沒有信守承諾，打開了箱子。這一看，波瑟芬妮馬上就被阿多尼斯的魅力所吸引，不論阿芙蘿黛蒂如何索討箱子，祂就是不願意歸還。於是兩個女神就為了阿多尼斯激烈爭鬥起來，最終，宙斯下了裁決。阿多尼斯一年有三分之一的時間會待在地底下與波瑟芬妮一起，三分之一的時間與阿芙蘿黛蒂一起度過，剩下的三分之一則

彼得・保羅・魯本斯，十七世紀。〈維納斯與阿多尼斯〉。大都會美術館館藏。（維納斯是拉丁語 VĒNVS 的英語讀音，而就是希臘神話的阿芙蘿黛蒂）。

是阿多尼斯的自由時間。最後，阿多尼斯選擇自由的時間也與阿芙蘿黛蒂一起度過。

阿芙蘿黛蒂奪回了阿多尼斯，並對其寵愛有加。但是，這件事惹得阿芙蘿黛蒂原本的情人阿瑞斯強烈嫉妒，於是趁著阿多尼斯正專注於狩獵時，送了野豬給阿多尼斯，阿瑞斯自己也變成野豬混入其中，趁阿多尼斯不留心時襲擊祂。阿多尼斯於是死於野豬的獠牙下。阿芙蘿黛蒂為此極度哀傷，後來在阿多尼斯的死亡之地，祂噴濺的血長成了紅色銀蓮花（參考自《世界神話事典　創世神話と英雄伝説》，第二一九～二二〇頁，引用自沖田瑞穗《世界の神話　躍動する女神たち》岩波ジュニア新書，二〇二二年，第六～七頁，並加以表記與變更語尾）。

阿多尼斯的死亡每年都會重複一次。也就是說，雖然阿多尼斯有三分之二的時間與阿芙蘿黛蒂在地上生活，但祂會遭到野豬襲擊而死亡，再到冥界的波瑟芬妮身邊去。然後，當隔年春天來臨，阿多尼斯又回到地面上，再度跟阿芙蘿黛蒂一起生活。如同植物每年會反覆生長又死去般，阿多尼斯也不斷重複生與死。

在北歐的日耳曼神話中，有個名為巴德爾的死神。祂是主神奧丁與其神后弗麗嘉之子，是光輝美麗之神。在祂的故事中，隱藏了死而復甦的植物神的樣貌。

巴德爾是主神奧丁與其神后弗麗嘉之子，長相端正、光輝美麗，在阿薩神族（Aesir）中是最聰明、最善辯的一位，是個充滿慈愛之神。

某日，巴德爾做了一個跟自己性命有關的夢。祂將那個夢告訴阿薩神族，並召集祂們齊聚一堂進行討論。為了巴德爾的安全，祂們要求祂要遠離一切危險。巴德爾的母親弗麗嘉發誓要讓巴德爾免於火、水、鐵等所有金屬、岩石、大地、樹木、疾病、動物、鳥、毒物與蛇等的危害。一旦確認這個誓言有效後，阿薩神族就讓巴德爾站在集會所前，大家開始對祂射箭、斬殺、丟石頭。無論對巴德爾做什麼，祂都完好無事。這可說是阿薩神族的大榮譽。

聽從洛基唆使的霍德爾殺害了巴德爾。摘自十八世紀的冰島手抄本。

然而這卻讓洛基不開心，於是祂變身為一位女性靠近弗麗嘉，向祂確認：「祢真的發誓已經讓巴德爾不受所有物品的傷害嗎？」，弗麗嘉說：「似乎沒有。因為瓦爾哈拉之西有一棵年輕的樹木，叫做槲寄生。那棵樹遲遲不願遵守誓言。」變身為女性的洛基立刻前往那棵槲寄生處，並且拔了一根樹枝帶到集會所去。當時，盲眼的霍德爾（Höðr）就站在眾神的最外圍。洛基唆使祂說：「我告訴你巴德爾站在哪裡，你把這根樹枝朝祂丟去，就能對祂表示敬意。」霍德爾接下樹枝後按照洛基所說的，將樹枝朝巴德爾丟去。槲寄生的樹枝就這樣穿過巴德爾的身體，巴德爾於是應聲倒地。

最大的悲劇在眾神與人間發生。由於眾神過度悲傷，幾乎要哭瞎了眼睛，連話都說不出來。其中，主神奧丁因為太清楚巴德爾的死對阿薩神族來說是多大的損失，因此更是心痛。

阿薩神族中的勇士赫爾莫德（Hermod）

打算前往冥界女王海拉那裡，為巴德爾支付贖金，以重返天界。於是，赫爾莫德騎著奧丁的坐騎斯雷普尼爾前往冥界。赫爾莫德看見巴德爾就坐在海拉的宅邸大廳中的王座上。赫爾莫德向海拉請求，讓巴德爾重返天界，並表示眾神流了許多眼淚。聽畢，海拉提出條件：「如果世界上的任何東西，無論有無生命，都為了巴德爾而流淚，就讓巴德爾重返阿薩神族。但是，只要有任一個反對或沒有流眼淚，巴德爾就得繼續留在冥界。」

赫爾莫德回到神族那裡，眾神向全世界送出使者，請求世間一切都為巴德爾哭泣。果然，全世界都為了巴德爾而哭泣。無論是人類、生物、大地、岩石、火，甚至連各種金屬。但是，只有在洞窟中的女巨人沒有哭泣。後來，人們認為這個女巨人就是洛基（參考菅原邦城《北欧神話》東京書籍，一九八四年，第二〇二～二〇八頁，引用自沖田《世界の神話》第一三四～一三七頁，變更了表記與語尾）。

巴德爾死去，但是不久，祂就在眾神與巨人的最終戰「諸神黃昏」後甦醒，並成為新世界的王。這也是類似阿多尼斯般的「死而復生的植物神」的故事。

至今，提到「殺害」的神話故事時，都是發生在世界初始，是為了創造世界或生出人類的食物而必須發生。然而，殺害也就是死，死與生是一體兩面，對生命與生殖或豐饒是必要的。

人類常成立於某物的「死」上。唯有這樣才會有人類。在神話性思考上，動物、植物皆被視為「活著」（live）。

「世界巨人型」

前面提及了提阿瑪特或特拉爾特庫特利等這種原初時代的巨人遭受殺害後，從身體長出全世界等類型的神話故事，這稱為「世界巨人型」。北歐也有類似的神話故事。

原初有一個老巨人叫做尤彌爾。祂是由一頭名為歐德姆布拉的乳牛養大的。乳牛平日舔食極鹹的霜石，第一天舔食霜石的傍晚，從霜石上長出人類的頭髮。第二天長出人類的臉孔、第三天長出人類的身體。這個男性稱為布利，臉孔俊美、身體高大，是個大力士。布利生了一個兒子包爾（Borr），包爾娶了巨人女兒貝斯特拉（Bestla），兩人生了三個兒子，分別是奧丁、威利（Vili）、維（Vé）。之後，奧丁成為掌管天地的大神。

喝著歐德姆布拉的奶水的尤彌爾、尼古拉・亞伯拉罕・阿比德，一七九〇年。

包爾的兒子們後來殺了尤彌爾。尤彌爾的身體變成了世界。尤彌爾的肉成為大地、血成為海洋、骨頭成為岩石、頭髮成為樹木、頭蓋骨成為天。然後，尤彌爾的睫毛成為人類居住的中土（Midgard）。之後又從尤彌爾的腦漿中長出了雲（參照並摘要自菅原《北欧神話》第一八～二三頁）。

在殺害的神話故事中，一般認為是有分階段的。我認為，先有海奴韋萊型或世界巨人型這種「藉由殺害，重整了世界秩序」的神話故事，後有「藉由眾神之戰，重整了世界秩序」這類的神話故事，然後才是下一個階段，用敘事詩的形式說故事，敘說眾神與人類都參與的大規模戰爭的故事。

希臘神話的王權交替

提到如同美索不達米亞的神話故事裡的原初戰爭，希臘神話裡也有同樣的故事。是關於年輕的眾神打倒了上一世代眾神，建構了世界秩序的故事。希臘眾神的王權是依序由烏拉諾斯、克洛諾斯、宙斯，由父親轉移至孩子身上。烏拉諾斯遭兒子克洛諾斯切下生殖器而退位。由於克洛諾斯知道自己將會遭兒子奪取王位的預言，而把妻子雷亞所生下的孩子吞入腹中。只有最後一個兒子宙斯在烏拉諾斯的母親，也就是蓋亞的協助下誕生，之後宙斯打敗克洛諾斯，並將克洛諾斯送入地底的黑暗世界塔耳塔羅斯之中。

這則神話故事也述說說著，將宙斯推向頂點的眾神序列這種秩序建構，是能以血洗的戰爭方式完成的。

〈吞食自己孩子的薩圖恩努斯（克洛諾斯）〉法蘭西斯科・哥雅，一八一九年～一八二三年，普拉多博物館。

日本神話的國讓

在日本神話故事中，雖然沒有美索不達米亞或希臘那般的血跡斑斑，但終究是集團間的爭鬥，也有可稱為戰爭的神話故事。這是關於國讓（轉移土地）的神話故事。

天照大神想要將地上的葦原中國給自己的兒子天忍穗耳（與素戔嗚所生下的第一個孩子）統治，遂命天忍穗耳從高天原來到地上。但是，天忍穗耳抱怨地上太吵，又逃回高天原去。

為此，高御產巢日神與天照大神打算向聰明才智的思金神尋求對策，再遣天穗日命去說服葦原中國的粗魯的眾神。但是，天穗日命受到天忍穗耳的蠱惑，三年都沒有向高天原回報消息。

接著，高御產巢日神與天照大神又找思金神跟其他眾神商量，這次祂們決定派天稚彥前去。眾神拿出弓與箭給天稚彥，讓祂前往地上。但是，天稚彥一抵達葦原中國，就迷戀上大國主神的女兒下照姬，於是祂企圖讓大國主神的國家成為自己的，所以此後八年也一直都沒有回到天上去報告。

天照大神與高御產巢日神只好與更多的眾神商量，又決定派遣雉雞鳴女前往。

鳴女飛到葦原中國，停在天稚彥家前的神聖桂木上，說著：「原本祢是被派來葦原中國讓不聽話的眾神們聽從指令的，為什麼至今還沒回去報告呢？」鳴女將高天原眾神的話一一傳達。此時，有位名為天探的女神聽到了鳴鳥的話，祂勸天稚彥殺了這隻不吉利的鳥。天稚彥於是拿出天上眾神們當初給祂的弓跟箭，射殺了鳴鳥。其中貫穿雉雞胸前的那隻箭逆向飛往天上，來到了天之安河原的高御產巢日神與天照大神眼前。高御產巢日神看著當初交給天稚彥卻沾了血的箭，於是下了咒語道：「如果天稚彥沒有違背指令，這箭是對著惡神所射出而飛到這裡，就不要對著天稚彥射去，但是，如果天稚彥是抱著惡意，這箭就會正對著天稚彥射去，取祂性命。」於是，那支箭就對著天稚彥直直飛去，射中了祂的胸口，奪去了祂的性命。這就是回返箭的起源。

由於天稚彥已死，祂的妻子下照姬的哭聲隨著風傳到了天上。聽聞哭聲的天稚彥父母與兄弟們，來到地上，為天稚彥做了長達八天的喪禮。

此時，下照姬的手足阿遲鉏高日子根神來弔唁天稚彥。由於原本祂與天稚彥兩人長得幾乎一模一樣，祂的父母與妹妹都認為是天稚彥重生，於是緊抓著祂不放地哭泣著。對此，阿遲鉏高日子根神非常憤怒，便拔出身上的劍朝著安置遺體的房間砍去後飛離。

天津神跟天稚彥都沒有聽從天照大神的命令，所以這次，天之安河上有位名為天之尾羽張的神，決定要派兒子建御雷神前去。由於天之尾羽張曾逆向將天之安河的水堵住，阻斷了道路，於是鹿神化身的天迦久神成為使者來傳達眾神的命令。天之尾羽張也讓自己的兒子建御雷神前去供眾神差遣。天照大神讓建御雷神帶著天鳥船（眾神的船），出發到葦原中國去。

建御雷神來到出雲的伊耶佐海邊後從天而降，拔出劍就往浪頭插去，在劍頭所隔開的地方盤起腿來，請求大國主神把葦原中國讓給天照大神的兒子。大國主神本身沒有回應，由兒子事代主神回答。祂說：「好吧，這個土地就讓給天照大神的兒子。」

然後，大國主神的另一個兒子建御名方命搬來一塊大石頭，那是塊連一千人都搬不動的岩石，祂想要跟建御雷神比力氣。建御名方命先抓住建御雷神的手，建御雷神把手變成冰柱，又變成刀刃，建御名方命因為害怕而放了手。接著，換建御雷神抓住建御名方命的手，建御名方命的手卻像蘆葦的葉子般一握就碎。建御名方命逃往遠處的諏訪之地，對著隨後追來的建御雷神發誓道，自己絕對不離開那裡，於是聽從大國主神跟事代主神，同意把葦原中國讓給了天照大神的兒子（諏訪大社祭祀建御名方命）。

建御雷神再次前往大國主神處，告訴祂，祂的兩個兒子都同意讓出葦原中國，並詢問大國主神的意見。大國主神回答：「我就獻出葦原中國，但是，請把我所居住的地方修繕得像是天神兒子所住的宮殿般華麗。」於是，出雲地區就有了華麗的宮殿（《古事記》）。

「葛飾二十四將」中，武甕槌太神、岳亭春信（八島岳亭），約十九世紀中葉。

在國讓的神話中，描述的是天照大神與高御產巢日神這兩位最高神祇所統治的天上世界、高天原與大國主神所統治地上的葦原中國的對立狀況。故事在天神第三度派遣劍神後，國讓才完成。雖然故事裡沒有戰爭那般的血跡斑斑，卻是集團間的爭鬥故事。這個故事也確立了往後天照大神的子孫們在地上的統治權。

這節說明了世界神話中藉由殺害與戰爭建構秩序，並且會反覆發生這種模式。但是，究竟為什麼戰爭後就能夠建構秩序呢？為了建構秩序出現的殺害又是什麼呢？

北歐神話的結局・諸神黃昏

恐怕，在秩序恢復前，必須要先破壞才能重新建構。如本書第一章中所考察的，眾神藉由引發洪水來毀滅世界，再重新打造擁有新秩序的世界。同樣地，藉由戰爭先破壞之前的秩序，眾神才能再造新世界。而清楚說明這件事的故事就是北歐神話中的諸神黃昏。也就是，世界最終時，眾神與巨人族引起的最終戰爭。

不祥的前兆是由公雞鳴叫聲而起。在巨人族的世界中，紅色雄雞鳴叫，而眾神那處則是擁有黃金雞冠的古林肯比（黑色大公雞），冥府則是擁有紅色雞冠的黑色雄雞齊鳴。那時，名為加姆的看門狗吠叫著掙脫枷鎖逃離。芬里爾魔狼也掙脫枷鎖獲得自由。人類之間也發生戰爭，兄弟手足互相殺戮。世界終於到一個無法拯救的地步。

世界的結局到來，一隻狼吞下了太陽，另一隻狼則吞下了月亮，星星因為害怕而躲藏起來。大地與山巒震動，樹木則從大地被連根拔起。海裡則是由巨大到能捲起世界的耶夢加得（巨蛇）引發席捲陸地的大海嘯，重重巨浪終於漫過大地。芬里爾從眼睛、鼻孔中噴出火，巨蛇接著噴出毒液。

軍隊從天的原初——炎之地穆斯貝爾海姆突然出現。打頭陣的是火巨人史爾特爾。在他身前與身後有烈火閃耀著。巨人族的洛基與赫列姆也在隊伍之中。跟在洛基身後的是祂的女兒冥界女王海拉的同伴。赫列姆之後跟隨著的是霜之巨人族。這些軍隊聚集在維格利德的荒野。

眾神的守門人海姆達爾用盡全力吹響號角，通知眾神戰爭即將開始。眾神全副武裝，往維格利德的荒野前進。主神奧丁手拿著岡格尼爾槍攻擊芬里爾。戰神索爾的對手則是巨蛇。美麗的弗雷則是與史爾特爾對戰。在激烈的戰爭後，弗雷被擊敗。祂因為沒有拿著之前隨從史基尼爾給他的寶劍而死。提爾與加姆的戰鬥則是平分秋色。索爾雖然打倒了巨蛇，卻被蛇臨死前所吐出的毒液所傷而死。芬里爾吞下了奧丁，最高主神就這樣死去。奧丁的兒子、繼承巨人族血液的維達則跳到芬里爾頭上，用手拔開了魔狼的上下顎後殺死了芬里爾。存活下來的史爾特爾最終在地上放火，燒掉了全世界（參考自菅原

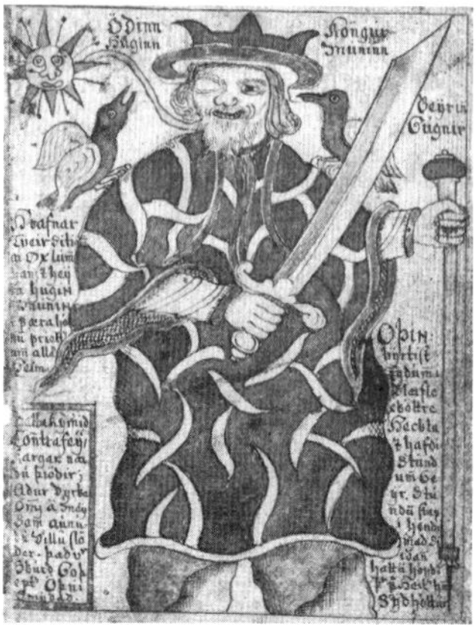 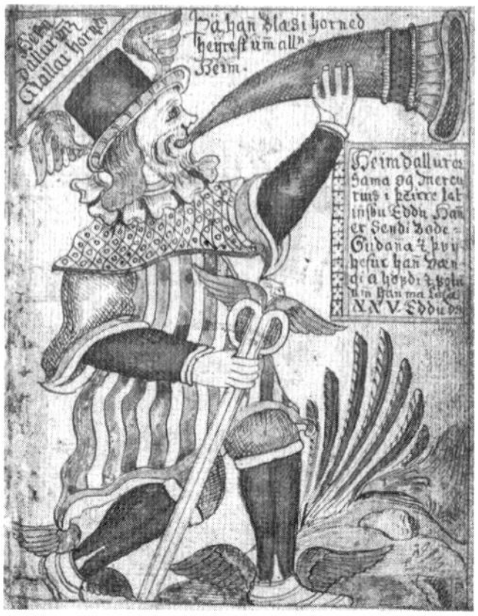

「右」吹響吉歐爾河的號角的海姆達爾、取自十八世紀的冰島抄本。
「左」最高主神奧丁、取自十八世紀的冰島抄本。

《北欧神話》第二八四～二九五頁）。

世界被火焰包覆、又被海水吞噬。

這副景象就像第一章中所提到的，因為洪水或海嘯而使得大地沉入水中，世界一度像被重設了一樣。「諸神黃昏」並沒有迎來世界的終結，反而使得新世界誕生了。

有一塊綠色大地從海中升起。不須要播種也能長出穀物。死去的巴德爾與殺害者霍德爾重生。他們的兒子們成為新世界的掌管者。人類之中，則有男女二人躲進森林裡，從史爾特爾的火中存活下來，繼續繁衍人類（參考管原《北欧神話》第二九六～二九九頁）。

神話的戰爭就是破壞了混沌或舊有秩序後，再創造新秩序的故事。

戰爭，作為一種建構秩序的「裝置」

當然，殺害或戰爭在任何人看來都不是正途。戰爭行為非常殘虐，卻在神話故事中直白地述說著。究竟為何神話故事中，會不斷重複發生戰爭呢？正是因為所謂的神話故事不具倫理、道德，更沒有說教意圖，才會充滿了原始的暴力。

神話與文學不同。其最大的差異在於，神話沒有作者。即使神話故事是以編纂者等的名字流傳，卻幾乎沒有人知曉任一則神話的原創者。「作者不存在」是神話故事的特徵，這使得神話故事中的暴力與不合理、沒有倫理道德才不令人害怕，也因此免去了人們的批判。

眾神的戰爭中，沒有一絲真實。因此，充其量，戰爭也只是為了建構秩序而存在的「裝置」。關於此，容我之後再多做考察。

第三章

人類的戰爭

《摩訶婆羅多》

在神話故事中可以看見許多述說戰爭的故事。那是因為，人類本是互相競爭的生物。天性上，人無論如何就是會彼此爭鬥、相殺。歷史正證明了這一點。然而，人的理性又不容許我們這麼做。戰爭的神話故事就是理性的產物。藉由虛構的故事不斷述說戰爭的悲劇，試圖阻止現實中所發生的爭鬥。

人類的智慧就是戰爭的神話。

接下來，要講解印度的戰爭史詩《摩訶婆羅多》。這個混合了眾神與人類故事所構成的史詩，恰好表達了人類將戰爭故事寄託在某種事物上。〔以下所要介紹的《摩訶婆羅多》是以沖田的《マハーバーラタ入門》（摩訶婆羅多入門）以及《聖性と戦闘と豊穣》（摩訶婆羅多、聖性與戰鬥與豐饒）為本所寫〕。

大地的重擔

關於造成戰爭的原因，《摩訶婆羅多》做了神話面向的說明，換言之是「大地的重擔」。當人類等生物繁殖過多，就會加重大地女神的負擔，使祂無法再滋養那麼多生命。於是，大地女神向創造神梵天求援。梵天便命令眾神們化身降臨到地上。這些由神化身的英雄們就在大地引起俱盧之戰（kurukshetra war）。這場戰爭奪去了許多人類的性命，使大地女神的負擔減輕許多。

雖然聽起來非常恐怖，但是減少人類數量正是大戰的目的。生命須要繁衍，然而一旦繁殖過多，大地將無法負荷，恐會引起貧困與飢餓。這種情況是很可怕的。

從般度族五王子的誕生到結婚

《摩訶婆羅多》的主角，五位王子的誕生也是極具神話性的。他們的母親是人類，父親卻是眾神。

俱盧族的般度王有貢蒂與瑪德利（Mādrī）兩名妻子，但兩人都未誕下子嗣。某日，有一隻化身為鹿的婆羅門出現，並詛咒般度王一輩子都不會有自己的子嗣。

另一方面，貢蒂唸咒，召喚神出來，神賜予了貢蒂能懷神之子嗣的祝福。般度王於是決定呼叫眾神，請眾神代替自己讓兩個妻子受孕。於是，貢蒂念咒呼叫出閻摩神，讓自己受孕，生出了堅戰（Yudhiṣṭhira）。同樣的，藉由呼叫風神伐由（Vāyu），生出來的是怖軍（Bhīma）。接著，又呼叫出眾神之主因陀羅，出生了最大的英雄阿周那（Arjuna）。

而另一位瑪德利也是藉由貢蒂的咒語，呼叫出經常一起行動的雙胞胎神祇——雙馬童，因而生下雙胞胎的無種與偕天。藉由眾神之力誕生的般度王的五位兒子，就被稱為「般度五兄弟」。

某日，般度王在森林裡與瑪德利交合，應驗了詛咒（不得與女性性交），丟掉性命。瑪德利在丈夫火葬時，也踏入燃燒的木柴中一起赴死。瑪德利所生的雙胞胎便改由貢蒂撫養。

貢蒂有了五個兒子，但事實上，祂還有另一個兒子。那就是她結婚前生下的太陽神之子迦爾納。

貢蒂婚前還是少女時，曾在家中慎重地招待一位性格古怪的敝衣仙人（Durvasa）。敝衣仙人教她一個可以召喚出喜歡的神祇，並懷上對方孩子的咒語。

後來，貢蒂出於好奇心，召喚出太陽神，因此懷了太陽神的兒子。迦爾納是個穿著鎧甲與耳環的神聖之子。但是，由於她尚未結婚，貢蒂只好把出生的兒子放入水流中。後來，羅陀（Rādhā）的丈夫車伕阿迪拉塔（Adiratha）從河裡撿起迦爾納，與妻子兩人撫養他長大。

另一方面，後來將與般度五兄弟敵對的一百個兄弟也是以同樣的模式誕生。而這一百個兄弟的母親就是甘陀利。

甘陀利獲得生育百人兒子的恩寵。她與俱盧國國王結婚，雖然曾經懷孕，但是過了兩年還沒生下孩子。煩惱至極之下，她大力地捶打自己的肚子。沒想到，這一打，從肚子裡掉出一個肉塊。正當她想丟棄肉塊，廣博仙人降臨，將肉塊分成一百塊，並放入名為酥油的乳製品中撫養。時機成熟時，從中誕生了長男難敵等一百個兒子（持國百子）與女兒杜沙羅（Duhsala）。

般多五王子與持國百子後來一起受教於德羅納（Drona）學習武術。德羅納的兒子馬嘶（Aśvatthāman）將在戰爭故事的最後擔任重要角色。

王子們終於長大成人，為了讓國王知道他們的武藝，他們參加了御前比武大賽。當場聚集了許多皇宮貴族，這場比試是由怖軍與持國百子的長男難敵對戰，比的是棍棒，由於擔心比試過於激烈，德羅納一度中止了比賽。但是，怖軍與難敵兩人是宿敵，所以戰爭最末，兩人又對戰起來。

棍棒戰結束，緊接著由阿周那表演弓箭之術。整個場面像是召喚出火與風的魔術表演。表演中途，迦爾納出現要求阿周那與他一對一對戰。但是，當一被問及出身，只是車伕兒子的迦爾納頓時感到羞恥地抬不起頭。此時，難敵又站了出來，當場任命迦爾納為鴦伽國（Anga）的國王，兩人就這樣成為了好朋友。御前比試也在此結束了。

此後，難敵對般度五王子漸生憎恨，同時也擔心王位繼承權會被他們搶走。某日，難敵有技巧地攏絡父王，成功地讓父王把般度五王子跟貢蒂一起流放到巴拉納瓦塔（Varanavata）的都城去。再命令自己的心腹布盧旃（Purocana）建造一間容易燃燒的房子，讓般度五王子居住，待時機成熟，一把火燒了房子，試圖燒死全部的人。但是，機智的堅戰看穿一切順利逃過一劫，這也帶來了轉機。他們一家人在一年後離家，開始在森林流浪的旅程。

在森林中，雖然遭受羅剎希丁波的襲擊，但怖軍擊敗並殺了他。怖軍與那位羅剎的妹妹希丁巴曾有過短暫的婚姻，生下了瓶首（Ghaṭotkaca）。瓶首之後會在大戰中幫助父親，非常活躍。

般度五王子得知般遮羅國（Pancala）的黑公主（Draupadi）正在舉行選婿儀式，於是變裝成婆羅門前往參加。公主選婿是以弓箭競賽來決定。現場準備了一把強弓，但是在場的任何王侯都無法拉開它，但是，喬裝成婆羅門的阿周那卻很輕易地拉開，就這樣，他娶了黑公主當妻子。

對結果感到不滿的王侯們立刻與阿周那爭鬥起來。此時，黑天跟哥哥大力羅摩（Balarama）現身收拾了這場爭鬥。黑天是毗濕奴神的化身之一，因此與阿周那結為好友。因為貢蒂的誤解，黑公主陰錯陽差地成為般度五王子共同的妻子。而這都是前世就已經註定了的。

黑公主與般度五王子是採取一妻多夫這種極為罕見的婚姻型態。這在當時的印度也是相當例外的婚姻，因此，在《摩訶婆羅多》中也是頗受爭議。

繁榮與流放

後來，般度五王子與黑公主回到俱盧國，得到持國王贈與的半個王國。般度五王子在那裡建造了美麗且繁榮的都市天帝城（Indraprastha）。

由於般度五王子共有黑公主這個妻子，於是他們訂下規則。當其中一人與黑公主同床共枕，如果其他兄弟不守約定闖入房間，就要接受到森林裡獨自進行十二年修行生活的懲罰。但是，有一次由於阿周那必須要拿武器，於是擅自進到黑公主與堅戰所在的房間。就這樣，阿周那開始了他的流浪之旅。在旅程最後，他在黑天與黑天的妹妹妙賢（Subhadrā）同意下，把妙賢帶回家做妻子。黑公主也親切地歡迎佯裝成管家的妙賢到來。

黑公主與般度五王子間各生了一個孩子，但是他們都在大戰中喪失了性命。而妙賢的兒子激昂雖然在戰爭中也丟失了性命，但當時，激昂的妻子至上公主（Uttara）正懷有身孕，生下的兒子後來讓王國的血脈得以傳承。

阿周那與妙賢，拉賈・拉維・瓦爾瑪，一八九〇年。

燃燒森林

這是發生在般度五王子統治天帝城時發生的事。有一天，黑天出現跟著阿周那一起去亞穆納河（Yamuna River）河邊遊玩。突然出現一個閃耀著光芒的婆羅門，請求黑天與阿周那燒掉甘味林（Kandava Forest），好讓他果腹。而那個婆羅門其實就是火神阿耆尼（Agni）的化身。

阿周那拿著阿耆尼跟伐樓拿（Varuṇa）借來的甘提婆神弓（Gāṇḍīva），而黑天則手持圓盤，準備好要戰鬥。阿耆尼開始燃燒森林。許多動物們想要從森林裡逃出，但是，阿周那與黑天卻追殺那些逃竄的動物。火神阿耆尼因為多數生物的犧牲得以飽食而感到狂喜。此時，因陀羅神來到，降下了雨，孰料這些雨水卻在半空中都蒸發掉了。因陀羅主動向兒子阿周那挑起戰鬥，又在祂對阿周那的武勇感到滿意後停止戰鬥，飛回了天界。

在這場森林大火中存活下來的有德叉迦龍王（Takshaka）、蛇王之子馬軍（Asvasena）、阿修羅的摩耶（Māyā）、四隻花斑鳥等七種生物，其他森林中的生物們則都被火神的火焰燃燒殆盡。

這個「火燒甘味林」的故事非常奇妙。先不論理由是否是為了讓火神阿耆尼飽餐一頓，光是大量虐殺森林裡的動物就是非常殘酷的事。究竟這則神話故事有什麼意義呢？

另外還有一個重點是，從森林大火中逃出的七種生物。事實上，在《摩訶婆羅多》重點的俱盧之戰中，般度陣營之所以能活到最後，主要就是靠那七種生物。在此大戰最後，還在陣營中放了火。「火」這個要素與「七種生物得以倖存」這個要素是共通的，也就是說，這則森林大火的故事，其實是戰爭的前兆。

邁向戰爭

在森林大火中被阿周那救了一命的阿修羅摩耶，為堅戰建造了壯麗的集會場所。當集會場所建造完成，堅戰在那裡接待了一萬名婆羅門。名望高的聖仙們、國王們也都聚集而來。然後，堅戰舉辦了名為王祭（Rajasuya）的大祭典。

某日，難敵到堅戰所在的美麗都市散步時，誤把如水晶般的池塘當作地面，一腳踏上後跌入水中，看到這一幕的怖軍、阿周與那兩位雙胞胎嘲笑他，難敵因此心懷極深的怨恨回國。

堅戰是個幾近完美的國王，卻有一個缺點，就是沉迷於骰子賭博。難敵得知這一點後，為了復仇，便與叔父沙庫尼（Shakuni）謀劃一場騙局，邀請堅戰前來玩骰子賭博。

來到俱盧國的堅戰，在這場賭博中連賭連輸，接連輸掉自己的王國、全部財產甚至四位弟弟，最後還賭輸了黑公主。難敵喚黑公主為奴隸女，並試圖在眾人面前取下她唯一裹在身上的布。黑公主急切地向眾人分說緣由，請求協助，無奈沒有人伸出援手。

結果，般度五王子與黑公主被自己的王國放逐十三年，其中十二年都在森林裡度過，最後的一年則是過著隱姓埋名的日子。

流浪的旅程開始了。阿周那不斷向父神因陀羅與濕婆、怖軍向兄神神猴哈奴曼（Hanuman）、堅戰向父神閻摩各自做著通過儀禮（Rite of passage）。

因陀羅為了兒子阿周那，打算把迦爾納的無敵耳環與鎧甲搶奪過來，於是佯裝成婆羅門接近迦爾納，用一擊斃殺的矛與迦爾納交換了耳環與鎧甲。後來這支矛只使用過一次。

流浪的第十三年，為了隱瞞身分，六個人在毗羅陀王（Virāṭa）的宮殿裡，各自喬裝打扮，靠自己的特殊技能工作生活。擅長賭博的堅戰喬裝成婆羅門，怖軍喬裝成廚師；阿周那為了隱藏手腕上的傷痕，喬裝成女人在後宮工作；雙胞胎的無種與偕天則照料馬與牛；黑公主則當侍女跟在王妃身邊。

十三年過去了。般度五王子要求俱盧族歸還一半的王國。俱盧族中意見分歧。堅戰為了避戰，讓黑天擔任和平使者回到俱盧國去，結果談判還是破裂了。

在戰爭氛圍濃重的狀況下，貢蒂決定要與迦爾納見一面，告訴他真正的出身。迦爾納毫不懷疑地全盤接受，並指責貢蒂拋棄了自己。迦爾納說道：「妳的五個兒子不會都死絕，因為阿周那不在時，有迦爾納；迦爾納被殺時，還有阿周那」貢蒂為此大為煩惱。

黑公主的哥哥猛光（Dhṛṣṭadyumna）被選為擔任般度軍隊的總司令。而俱盧國軍隊的總司令則由俱盧族的長老毗濕摩（Bhīṣma）擔任。

安芭的故事

讓我們把故事的時間軸拉到更久遠以前，來看看關於毗濕摩的故事。

毗濕摩為了要幫同父異母的兄弟奇武王（Vicitravīrya，前般度王）娶妃，於是前往迦尸國（Kāśī）的選婿會場，用蠻力將安芭（Ambā）、安必迦（Ambika）、安波利迦（Ambalika）三位公主搶行帶走。但是，安芭公主早已屬意娑婆羅國王沙魯瓦（Shalva），因此，她告訴了毗濕摩並取得諒解，然後動身前往薩爾瓦國。然而，沙魯瓦王卻以「我不可能娶一位曾被其他男人碰過手的女人為妻」為由，拒絕了安芭公主。

安芭公主遭到沙魯瓦王拋棄，不但無法回到俱盧國，也不能回到自己的國家，她深信造成不幸的就是毗濕摩，發誓要對毗濕摩復仇，並開始苦行。後來，濕婆神現身，告訴她：「妳將以男性之姿重生，並在戰場上殺了毗濕摩。」安芭為了能提早重生，於是投入火堆中自殺。雖然她轉生為木柱王（Drupada）的女兒——束髮（Śikhaṇḍī）公主，但之後變性後成為男性。

戰爭

另一方面，廣博仙人將千里眼等各種能力交予車伕全勝（Sanjaya），以讓俱盧國王的盲眼持國為了知道戰爭的狀況。全勝負責擔任持國的耳目，將戰爭的狀況詳細說給他聽。

戰爭當前，阿周那卻對要與有血緣關係的同志們開戰感到猶豫不決。於是黑天顯現出原本神的姿態，跟他說了關於瑜珈心境的故事，解除了阿周那的疑惑。這就是《薄伽梵歌》。

第一天，俱盧國將軍毗濕摩有如獅子般勇猛活躍。

第四天時，怖軍與羅剎女希丁芭的兒子瓶首一同參戰。

第五天，激烈的戰鬥仍舊持續著。

第六天，猛光（黑公主的哥哥）使用迷魂（Pramohana），敵方的戰士們因而喪失智慧與勇氣，也失去正氣，個個垂頭喪氣。德羅納見狀，也使用智慧法寶（Prajna）讓迷魂失效。俱盧國強勢回歸戰場。德羅納戰力驚人。

第七天，激烈的戰鬥持續著。毗濕摩仍舊所向無敵。

般度王為了要擊敗毗濕摩，遂聽從黑天的建議，向毗濕摩求教擊敗他的方法。結果毗濕摩說：「我曾發誓不與女性戰鬥。所以，請把曾為女性的束髮當作盾牌，並讓阿周那從他背後射箭，應該就能殺死我。」

戰爭第十天，為了解除前世的怨恨，束髮對著毗濕摩射出許多箭矢。毗濕摩明白自己死期已到。此時，阿周那從束髮身後發射無數支力量強大的箭。毗濕摩渾身是箭，終於從戰車上跌落下來。但是，即使跌落地面，他仍舊活著。俱盧國軍隊與般度王見到了躺在萬箭上的毗濕摩後都不禁感到悲傷。

繼毗濕摩之後，般度王子們的武術老師德羅納成為俱盧國的總司令官。

第十三天，阿周那的兒子激昂在孤立無援的狀態下持續奮戰，後被大軍包圍而死。阿周那非常悲傷。

當夜，戰爭仍舊持續著。黑天想出了一奸計，讓怖軍的兒子瓶首與迦爾納對戰。那場戰爭不分秋色。後來，迦爾納被迫使用從因陀羅神得到的一擊必殺的矛。那支矛是為了殺害阿周那才事先取得的，別無他法之下，迦爾納放出了那支矛。瓶首被射穿了心臟，終於死亡。

黑天跟阿周那說：「迦爾納現在放下了戒心，你快趁戰車車輪卡在地洞時殺了他。」

戰爭來到第十五天，黑天為了擊敗德羅納又想了一個奸計。那個奸計就是放出消息說德羅納的兒子馬嘶（Aśvatthāman）已經被殺害，使德羅納因而喪失意志。但堅戰是梗直的人，所以他很是抗拒這計策。怖軍殺死了名叫馬嘶的大象。而堅戰因為不明所以，就說出了：「（大象）馬嘶被殺害了。」在這之前，他的戰車因為有德性而能浮在半空中，但是這之後，戰車就只能在地面上奔馳。

絕望的德羅納於是放下了武器，開始在戰車上專心練瑜珈，並往天界去了。

得知父親的死訊後馬嘶發誓要報仇，就從水面取出了最強武器「那羅延法寶（Narayanastra）」。黑天命令全軍：「從戰車上下來，捨棄武器。那羅延法寶雖然會越戰越強，但卻無法殺死不想戰鬥的人。」般度軍聽從了黑天指示，但只有怖軍一人仍頑強地戰鬥著。最後阿周那與黑天終於讓瀕死狀態的他從戰車上下來。如此一來，武器變得再無效用，只吹起了清爽的風。

戰爭第十六天，繼黑天與德羅納之後，由迦爾納擔任大軍的總司令。迦爾納指定能與黑天相匹敵的車伕沙利耶（Śalya）幫他駕駛戰車。

激戰持續進行中，怖軍與身為俱盧族百兄弟的次子難降（Duhsasana）交戰，當他將難降壓制在地後，立刻用劍刺穿他的喉嚨及心臟。然後喝下從難降身上噴出的鮮血，終於報了當初在集會場中，難降侮辱黑公主之仇。

阿周那與迦爾納的爭鬥到了決戰時刻。在戰爭最熱烈時，迦爾納的戰車車輪不幸陷入泥中，迦爾納向阿周那請求，希望能等到戰車恢復原狀再繼續戰鬥，但阿周那為了打倒迦爾納，不顧他的哀求，直接放箭殺了他，取得迦爾納首級。

迦爾納的身體開始發光，接著升天而去。

戰爭來到第十八天。由沙利亞接任司令官，但後來被堅戰殺死。百兄弟倖存的人除了長男難敵之外就只剩一人。但是，難敵逃難到湖邊深處躲了起來，卻被般度王發現，於是難敵與怖軍開始了一對一的棍棒戰。在激戰之中，黑天又使出了策略，阿周那打傷了自己的左腿，並通知怖軍。這個狀況讓怖軍想起了當初黑公主受到的侮辱，於是一棍打碎了難敵的腿，只不過是另一條腿。

黑天的好朋友薩諦奇（Satyaki）將般度五王子帶到恆河河邊。

馬嘶、慈憫（Kripa）、成鎧（Kritavarma）來到瀕死的難敵身邊。難敵於是任命馬嘶為最後的司令官。

夜襲

馬嘶、慈憫、成鎧三個人深入森林中。當其他兩人熟睡，馬嘶卻因過於憤怒而無法入睡。當時，他看見了一隻貓頭鷹正悄悄地接近烏鴉群，準備要大肆殺戮的場景。

馬嘶突然獲得靈感。打算要像貓頭鷹一樣，趁夜幕低垂時，消滅般度軍隊。於是他喚醒了其餘兩人，並告訴他們這個計畫。慈憫想要制止他，卻無法做到。此時，濕婆神在馬嘶面前現身，給了他一把劍。馬嘶因此成為破壞神濕婆神的化身，並肩負起毀滅般度軍隊的責任。

馬嘶一進到般度軍隊中，先碰到的是父親的宿敵——將軍猛光的帳篷，他踹醒熟睡的猛光，並殺害了他。後來他把黑公主的五個兒子與束髮也一起殺害。他繼續殺戮，並在帳篷放火，般度軍隊因而全軍覆沒。馬嘶、慈憫、成鎧三人殺戮成功，並為此感到高興。

馬嘶一行人前往瀕死的難敵身邊，告訴他般度軍隊被消滅的消息。難敵滿足地斷了氣。

梵顱

當時從陣營離開的般度王與黑天、黑天的好友諦奇等七人幸運逃過馬嘶的夜襲。於是，般度王追殺馬嘶。被追到末路的馬嘶將手裡的蘆葦變成了「梵顱（Brahmasirsa）」這個武器。那是一把足以毀滅世界的恐怖武器。接著，阿周那同樣地也變出「梵顱」，試圖要讓馬嘶的武器無效化。由於出現了兩支「梵顱」，世界因此發生了各種各樣的變異。

雷鳴、多數流星掉落、天地鳴動。如果真的使用那個武器，那麼，土地將會有長達十二年不降下一滴雨，成為死地。

聖仙們試圖阻止兩人，要求撤回武器。阿周那首先放下武器，但馬嘶卻無法收回武器。回收武器比發動武器要來得難上許多。馬嘶對著般度王妃們的子宮發射武器，這樣一來，就能讓般度王絕子絕孫。黑天對著馬嘶下詛咒，三千年內都不會有人與他說話，獨自在地面上流浪，作為殺掉胎兒的懲罰。馬嘶於是將頭上戴的寶石交給堅戰後就此離去。

具有千里眼的全勝告知持國王戰爭結果，國王從王座上跌落地面昏倒。廣博仙人對持國說：「這一場戰爭恐怕是諸神想要減輕大地負擔所策劃的。戰士們是因為達到目的而死去的。」試圖要安慰國王。

另一方面，得知自己兒子全都死去的王妃甘陀利既悲傷又憤怒地對阿周那說：「你明明可以做到，卻對世界的毀滅毫不關心。所以，從今天起的三十六年後，你們這一族將全數毀滅。」

即位與死亡

堅戰弔唁了戰死的戰士們後就繼位為王。

在戰爭時，被打倒的長老毗濕摩只是躺在弓箭堆中並沒有死去，因為他曾被授予能按照自己訂定時間死去的恩寵。後來，他留給堅戰許多教誨，然後依照自己的意志停止了呼吸。身為母親的恆河女神（Ganga）於是現身，為自己兒子的死哀嘆不已。

堅戰為了洗去戰爭的罪孽舉行了馬祭（Asvamedha），並統治王國十五年。

持國決定跟著王妃甘陀利兩人一起到森林裡隱居。般度族王子的母親貢蒂也跟隨兩人同行。持國的弟弟般度（Vidura）也進入森林。般度死後，靈魂與堅戰合而為一。兩人共同成為闍神的化身，因為他們原本就是同一個存在。

兩年後，由於山林大火，持國王、甘陀利、貢蒂三人皆命喪火中。

戰爭開始三十六年後，甘陀利的詛咒成真，黑天一族互相殘害，以致於全族滅亡。

黑天也面臨死亡。有名獵人追著鹿來到黑天身邊，把進入瑜伽狀態、躺在地上的黑天錯當成鹿，一箭貫穿腳踝。黑天因此丟了性命而回到天界，與本體毗濕奴合一。

從阿周那得知黑天死亡消息的堅戰，脫口說出「時候到了」，明白自己離開世間的時間已然來到。阿周那的孫子環住王（Parikṣit）作為俱盧族的國王，統治了象城（Hastinapura），而黑天一族的倖存者弗吉羅（vajra）則成為天帝城的國王。

般度王與黑公主捨去裝飾品，帶著一隻狗出發去做最後的旅行。阿周那則把甘提婆神弓與兩個箭袋丟進海中，還給伐樓拿水神。

六個人跨越喜馬拉雅山，來到須彌山之前。此時，黑公主倒了下來。堅戰說道：「她在五人丈夫中，對阿周那有特別的情感。那是她的罪。」

接著，偕天倒下。堅戰說他的罪是總想著「在智慧上，沒有人能與我相匹敵」。

然後，無種倒下。擁有美貌是他的罪。

接著，阿周那倒下。孔武有力是他的罪。

然後是怖軍倒下，他的罪是暴食。

最後只剩下堅戰與一隻狗。他向前來迎接的因陀羅神請求，讓他與狗一起回到天界去，但是因陀羅神命令他留下那隻狗。堅戰強調，他無法捨棄對自己忠誠的狗。於是，那隻狗立刻變回閻摩神。這其實是對堅戰的試煉。堅戰因此得以回到天界去。

然而，天界並沒有弟弟們與妻子的蹤影。堅戰想要見他們，於是去到地獄，當他認出他們後，堅戰決定要留在地獄。

因陀羅神這時現身，告訴他這一切都是幻覺。因為他須要再見一次地獄。堅戰終於回到天界，得以見到懷念的人們。

《摩訶婆羅多》的戰爭

在《摩訶婆羅多》中，故事的開端是為了減輕大地的負擔，諸神為了開啟戰爭而準備，諸神先是化身為各種角色降到地面上，再藉由女主角受到侮辱，造成戰爭開端，於是地面上開始了為期十八天的戰爭。以神子之姿誕生的英雄們，最後被以人類的罪行問罪，在死後回到天界。

這場戰爭究竟述說著什麼樣的故事呢？在第二章中，我們知道了眾神間所發生的殺害或戰爭，是作為建立新秩序的「裝置」。事實上，《摩訶婆羅多》裡的戰爭也能視為擁有同樣目的。這個戰爭在印度的四個神話性時代的區分之中，是屬於由第三個青銅時代往第四個鐵時代過度的指標。（關於瑜珈的修行與戰爭，有以下的研究。Simon Brodbeck,*Divine Descen and the Four World-Ages in the Mahabharata:* or, Why Does the Krsna Avatara Inaugurate the Worst Yuga? Cardiff University Press,2022）

戰爭又復戰爭，戰爭也是調整人口的「裝置」。

在希臘的戰爭故事〈特洛伊圈傳承〉也能看見同樣的概念。首先是希臘與特洛伊的戰爭是為了減少大地女神的負擔，也就是為了減少過度增加的人類。

某日，大地女神向宙斯哀嘆著，人類過度繁殖造成了祂的負擔，使祂再也難以負荷，祂希望人類數量能夠減少一些。宙斯憐憫大地女神，於是訂立了人類減量計畫。首先，祂讓女神忒提斯與人類結婚，然後生下英雄阿基里斯。再由宙斯與人類女性勒達生下絕世美女海倫。由這兩位主角引起一場特洛伊戰爭，藉此殺掉許多人類，以此減輕大

地的負擔（參考自吉田敦彥《ギリシア神話と日本神話》みすず書房，一九七四年，第七十頁）。

如同印度的《摩訶婆羅多》中以戰爭為界來推移時代，希臘也是以特洛伊戰爭為界往前邁進。在希臘，人類分成五大族，反覆著由盛而衰、由衰而盛。一開始是黃金族，具備了一切的善，是自然滅絕。之後是白銀族，是個比前一種族稍微劣等一些的種族，後來遭宙斯所滅。接著是青銅族，是更為劣等的種族，最後互相殺害而滅亡。再來是英雄族，是光輝的半神英雄們的時代，最終是戰爭使這個種族滅絕。最後是黑鐵族，也就是現今的人類，人們不分晝夜，時刻都在悲嘆著。

這五大族之中，特洛伊戰爭英雄族往黑鐵族推移。戰爭成了時代推移的「裝置」。

黑公主的憤怒

先前提過，俱盧之戰始於大地女神的重擔過重。為了減少繁殖過度的生靈所帶來的重擔，諸神策劃了這一場戰爭。為了佈局，英雄們跟女性們因此誕生在地面上。在以此揭開序幕的戰爭中，尤其希望大家關注的是女性們擔任的角色。在大地女神開啟的這場戰爭中，女性們究竟擔任了何種角色？關鍵在於憤怒這個情緒。而且最為重要的是黑公主的憤怒。堅戰在賭博中一輸再戰，最後甚至賠上黑公主，逼得她在生理期中，只能穿著一件衣物蜷縮著身體在房間裡。然後，在這樣的情況下，竟然被難敵的第一個弟弟難降抓著她的頭髮就往集會場拖拉著去，甚至連衣物都被剝去。

持國國王有個聰明的弟弟叫做般度，他曾預言這個事件將會為俱盧族帶來毀滅。

「黑公主去到你們的集會場就表示，俱盧一族啊，你們也走到了終點啊。這個遮羅國國王（Pancala）的女兒是眾所周知最棒的豐饒女神。因為命運而被創造出來的般遮羅國公主，嫁給了般度王。憤怒的般度王將無法原諒你們加諸於黑公主身上的痛苦。強大的維利希尼（Vrishni，黑天的一族）人們與勇猛的般遮羅國人們也將無法諒解你們。」

（《摩訶婆羅多》第二卷第七二章第二七～二九詩章）

如同般度所說，黑公主花了很長的時間將自己所受的屈辱毫無遺漏地說給丈夫們聽，並且請求發動戰爭以洗淨自己所受的屈辱。結果戰爭場面就如同在森林中流浪時，她向堅戰所提到的場景。

「你親眼見我這個出生在木柱王的家、身為偉大般度家媳婦的人進入森林，卻不感覺異常憤怒嗎？堅戰啊！我想，你身上肯定不不存在憤怒，因為即使你看著弟弟們跟我受苦也不感到心疼啊。大家都在說，在這世界上不存在不會憤怒的剎帝利（kṣatriya）。然而今日身為剎帝利的你，居然看起來全然相反。就算時間來到，你也不展示你的威嚴，這樣的你將會被所有生靈所蔑視。面對敵人，你不該忍耐。因為，藉由你的威嚴，才能毫無遲疑地殺光敵人。」（《摩訶婆羅多》第三卷第二八章第三二～三六詩節）

黑公主懇切的祈願，不只是對自己的兄弟們，她也對黑天這麼做。就在大戰開始前一刻，黑天作為和平大使前往俱盧族所在地談和時，黑公主對黑天這麼說：

「擁有蓮花一般眼睛的你啊，期望與敵人講和的你，應該要經常想起，難降曾用手拉扯我頭髮的那件事。黑天啊。如果怯懦的怖軍與阿周那期望和平，那麼，年老的父親將會與強壯的戰士兒子們聯合戰鬥。另外，我的五個兒子身為偉大的勇者，會由激昂打頭陣與俱盧族一戰。如果我沒看見難降那隻布滿泥土的黑色手腕被切下，我的心該如何能維持平靜啊。這十三年間，我都忍耐著度過了，即使如烈火燃燒的憤怒占據了我的心。如果現在這個鐵腕的怖軍遵守閻摩對和平的期望，我的心就會被撕裂。」（《摩訶婆羅多》第五卷第八〇章第三六～四一詩結）

如此，要求丈夫們與黑天藉由戰爭挽回名譽的黑公主，忠實地執行著誕生時就帶來的「成為剎帝利滅亡原因」的預言。實際上，因為這場戰爭，般度與俱盧族兩家所有戰士幾乎都滅亡了。

安芭的憤怒

如同黑公主的憤怒發展成戰爭，在《摩訶婆羅多》裡，經常把戰爭的重要開展寄託在女性的憤怒上。接下來，我要來談談關於安芭的憤怒，雖然前面已經稍微提過，這裡再來詳細地說明。

迦尸國有三位公主，安芭、安必迦、安波利迦。公主們到了成年時，父王舉行了選婿儀式。所有王侯們都來了，俱盧族的毗濕摩也駕著戰車前來，想要一次擄走三位公主。雖然會場中的王侯們開始與之戰鬥，但都敗下陣來，最後毗濕摩帶著三位公主回到俱盧國，並被安排要成為奇武王的王妃。

然而，身為大姐的安芭決心要成為娑婆羅國沙魯瓦王的妻子。於是她請求毗濕摩後得到允許，便離開俱盧國來到沙魯瓦王的身邊。但是，沙魯瓦王卻冷淡地表示，一旦其他男人碰觸過她的手就不能成為他的妻子，以此為由拒絕了安芭。

這下子，安芭不但無法回到父親身邊，也無法前往俱盧國。她認為，這一切都是毗濕摩害的。

於是，她前往森林去找外祖父，想要與外祖父的朋友——名望高的婆羅門持斧羅摩（Parasurama）——商量。待持斧羅摩一現身，安芭便懇求殺死造成此事件的元兇毗濕摩。

持斧羅摩一行人一起到毗濕摩所在地，但他拒絕接受安芭。因此，事態就演變成持斧羅摩與毗濕摩的戰鬥。這場戰爭持續了二十三天之久都分不出勝負。安芭因此負氣離開。

此後，安芭投身激烈的苦行中。濕婆神見她如此苦行，就同意完成她的心願，決定讓她來世殺掉毗濕摩。於是，安芭將收集薪柴後點火燃燒，自己走入其中，自焚而死。

安芭轉生後成了木柱王（黑公主之父）的女兒。她被當作兒子撫養，終於藉由性轉換變成男兒身，果然在戰爭中，擔任殺害毗濕摩的宿命角色。

在戰爭中，戰鬥是男性英雄們。但是，作為戰爭背景的卻是背負重擔的大地女神，以及渴望洗清屈辱、憤怒的黑公主。而安芭則是因為憤怒，轉生成為男性，在戰場上拚鬥。「戰爭中的男性」與「受苦憤怒的女性」成為一體兩面，共同成就了戰爭神話故事。

如同本章最一開始所提到的，我認為，人類的戰爭神話在述說的是，凡事都要爭鬥是人類的本性，而人類應該要能踩剎車。無論是人類或是眾神，皆由爭鬥而生。藉由述說這樣的故事，人們就能有所警惕。正因為是神話故事，所以才能成為「鏡子」。攬鏡自照就能調整外在所展現的樣貌。如此，當人們聽聞神話故事，並把那當作鏡子，就能照見自己的內心。

第四章

現代的戰爭神話

《巴霍巴利王》與《摩訶婆羅多》

二〇一八年，印度電影《巴霍巴利王》在日本非常受到歡迎（分為上下兩集《帝國戰神：巴霍巴利王》與《巴霍巴利王：磅礡終章》）。日本因此出現許多鐵粉，甚至當有人大喊「呼喊王」就有眾聲回應「巴霍巴利」。雜誌等媒體上還曾以「巴霍巴利王」為主題做特輯，可以說受歡迎的程度已經蔚為社會現象。

在《巴霍巴利王》電影中，可以看出幾處是以《摩訶婆羅多》裡的神話世界為題材。這一點可以說是神話故事在現代復甦的代表。接下來，我將藉由分析這部電影裡的神話學觀點，來思考現代戰爭神話的呈現方式（以下有幾處會觸及電影《巴霍巴利王》的內容。另外，關於《巴霍巴利王》的論述是以日本新潮社的網路連載《考える人》（暫譯，思考的人）中的「印度的神話世界」專欄中連續五回的公開報導為底稿來進行添加補正的）。

《巴霍巴利王》是環繞著「瑪西瑪帝王國」的王位繼承權所發生的故事。引起日本觀眾共鳴的是，瑪西瑪帝王國的王子亞美德拉・巴霍巴利與其子瑪罕德拉・巴霍巴利間發生的事。

反派的王子（後來的王）是帕拉提婆。帕拉提婆的生母是席娃伽彌，但是她卻帶著剛出生的亞美德拉，如對待親生兒子般地撫養他長大。

亞美德拉的妻子是「坤塔拉王國」的公主提婆犀那。席娃伽彌與提婆犀那兩人的婆媳關係終於為王國帶來了毀滅性的結局。席娃伽彌中了帕拉提婆的計，下令取了亞美德拉的性命。但就在此時，亞美德拉與提婆犀那兩人的兒子誕生了。席娃伽彌在明白了一切都是兒子帕拉提婆的詭計時，就將新生嬰兒命名為瑪罕德拉・巴霍巴利，並宣示他將成為未來的國王，自己會捨命守護這個孩子。

瑪罕德拉就這麼在瀑布下的小村落成長。某日，毫不知情的他地前往瑪西瑪帝王國，在那裡遇上了反抗軍女戰士阿凡提，並陷入熱戀。在阿凡提的懇求下，他們悄悄地把被捕的母親提婆犀那營救出來。瑪罕德拉從他向來視作叔叔般仰慕且是從最強劍士的卡塔帕那裡知道了一切的真相後，在他的協助下，與帕拉提婆戰鬥並取回了王位。

在這部作品中，出現有許多印度神話裡的圖像。

故事發生的舞台是瑪西瑪帝王國，那是個崇敬濕婆神的國度。另一方面，坤塔拉王國則是崇敬黑天神的國度。

主角亞美德拉與瑪罕德拉這對父子名字裡都含有「因陀羅（Indra）」。將其分別拆解，個別具有「亞美德拉＝amara-indra，不死的因陀羅，與瑪罕德拉＝maha-indra，偉大的因陀羅」的意思。

濕婆神、黑天與因陀羅是屢屢出現在故事中的印度眾神。以下先來看祂們各自的特徵。

濕婆神是印度教的三大主神之一。首先，印度教是多神教，人們敬拜許多神祇。所謂的「三大主神」是指，在由多神教世界所構成的眾神中地位最高的三位。祂們分別是創造世界的梵天、維持管理世界的毗濕奴神、時間來到時就破壞世界的濕婆神等。

這三個神被視為宇宙統一的最高原則，甚至還有三位一體的說法。也就是說「一個最高原則」，首先是，梵天創造了世界，接著毗濕奴神維持世界，最後則由濕婆神毀壞世界。

在印度強大的宇宙之流中，濕婆是位毀壞世界的恐怖破壞神，但另一方面，祂同時也是生育與子嗣的神祇，其象徵就是名為林伽（linga）的男性生殖器。濕婆神是同時象徵生與死的神祇。但是如同我至今所說的，在神話中，生與死是難以分割的一體兩面。

在電影《巴霍巴利王》中，強調崇敬濕婆神的瑪西瑪帝王國是軍事大國。我們也能窺知，這個王國具有濕婆神的性格。

接著，黑天神是印度教三大主神中毗濕奴神的化身。所謂的化身是指，天上的神以人類或動物的姿態出現在地面上。網路世界中常使用的「虛擬化身」（Avatar）用語，就是取自具有化身意義的梵文「Avatāra」。黑天神同時也是《摩訶婆羅多》裡的英雄，更是偷拿牧女們衣服以調戲她們的搗蛋神，祂是具有多重面向的複雜神祇。在《巴霍巴利王》中，崇敬黑天神的坤塔拉王國是以擁有豐足自然美景且表現有放牧氛圍的國度。這些元素都呈現出了黑天神的意象。

隱藏在亞美德拉與瑪罕德拉名字中的因陀羅神，雖然地位比濕婆神及黑天神=毗濕奴神要低一階，但是比印度教要來得古老，屬於婆羅門教神話中被崇拜的萬神之神。然而，一旦放進印度教中，因為濕婆神與毗濕奴神在前，因陀羅神相對地地位就變得較低。因陀羅是自然現象中的雷神，以及戰神。佛教傳入日本後，則被稱為帝釋天。

在《巴霍巴利王》中，亞美德拉死去那一天，瑪罕德拉誕生。如果將這對父子的名字皆含有「因陀羅」來進行思考，應該不難看出瑪罕德拉是亞美德拉的重生。因此，電影中才會由同一個男星飾演這對父子。

電影《巴霍巴利王》以史詩《摩訶婆羅多》為其故事底本，加入了許多神話性要素。從故事的基本結構、故事開展、人物樣貌，可以看出電影多受到《摩訶婆羅多》的影響。

究竟《摩訶婆羅多》與《巴霍巴利王》具有什麼樣的共通點？我把人物對應表整理在第一二四頁，讓各位能掌握全貌。

出現在王權初期的「母親」們

亞美德拉的養母、帕拉提婆的生母席娃伽彌因為無能丈夫不關心王位，而掌握了瑪西瑪帝王國的王權。然後，她如對待親生兒子般養大了亞美德拉，並發誓將來要讓賢能的人擁有王權。

我們可以從這裡看出，「國母」席娃伽彌的形象反映出《摩訶婆羅多》中俱盧族「王母」貞信的樣貌。貞信是初期俱盧家族出現的王妃。席娃伽彌跟貞信一樣，與國王間雖有兩個兒子，但兩人同樣都是在年輕時就死去。

席娃伽彌與貞信具有相似的稱呼——「國母」與「王母」，而且同樣在初期就都掌握了王權。席娃伽彌是因為維克推瑪戴瓦王與王妃突然死去而臨危受命治理國政，同時也養育了亞美德拉與自己的兒子帕拉提婆。貞信則是因為兩位兒子小小年紀就死去，造成王位繼承者有斷層，為了改變這狀態，她讓自己的另一個兒子廣博仙人與未亡人之一的王妃在一起，並順利產下一子。

人物對應

《巴霍巴利王》	《摩訶婆羅多》
席娃伽彌（國母、「盲目的愛」）	貞信（王母）、持國（盲目的愛）、貢蒂
提婆犀那（帶來災難的女子）	黑公主（帶來災難的女子）
庫瑪拉・法瑪（接受亞美德拉教導的王子）	優多羅（接受阿周那教導的王子）
亞美德拉・巴霍巴利（英雄原型）	堅戰、怖軍、阿周那（英雄原型）
瑪罕德拉（搗蛋鬼、戀愛遊戲）	黑天（搗蛋鬼、戀愛遊戲）
帕拉提婆（惡）	難敵（惡）
卡塔帕（向英雄要求通過禮儀）	陀濕多（Tvaṣṭr）（向英雄要求通過禮儀的工作神）

也就是，無論是席娃伽彌或貞信都是讓王國的下一個世代能順利接續下去的「母親」。

對兒子的盲目之愛

席娃伽彌是亞美德拉・巴霍巴利與帕拉提婆的「母親」，也是「國母」，因此掌握極大權力。這個形象，事實上與在《摩訶婆羅多》中出現的俱盧族盲眼國王持國有很深刻的關係。兩者雖然性別相異，一位是盲眼國王，另一位則是演技高超的國母。然而，兩人對兒子的愛都是盲目的。

首先，兩人都是「無法繼承王位的兒子」的父母。持國的兒子難敵比堂兄堅戰還要晚出生，所以，一生出來就與王位無緣。在《摩訶婆羅多》中有這樣的記述。

難敵一出生，持國國王就召集顧問群，詢問大家雖然自己對於由先出生的堅戰當第一王位繼承者這件事沒有異議，但是他想知道，難敵是否可以成為下一任國王。結果，野外的胡狼群發出低鳴，顯示了令人恐懼的徵兆。國王的弟弟般度建議持國王捨棄難敵，但因為持國太愛難敵，就沒有採納他的建議（《摩訶婆羅多》第一卷第一〇七章第二十七～三十三詩節）。

另一方面，席娃伽彌的兒子帕拉提婆雖然比堂弟巴霍巴利還要早出生，但是，在與克拉卡雅部落戰爭後，席娃伽彌卻指定比自己兒子更有人氣的亞美德拉為下一任國王。帕拉提婆因而與王位無緣。

無論是持國王或是席娃伽彌，都成為「無法讓兒子繼承王位」的父母。

在《摩訶婆羅多》中，難敵對父王所說的：「王位將傳給堅戰，然後再由堅戰的兒子代代相傳。」感到不滿（《摩訶婆羅多》第一卷第一二九章第十五詩節）。同樣的場面也出現在《巴霍巴利王》裡。一向被輕蔑的席娃伽彌丈夫昆伽提婆對著兒子帕拉提婆洩漏心聲道：「這本是你要繼承的王國。要向巴霍巴利與其子孫把王國奪取回來。」並且感嘆著：「不單只自己或兒子都不能繼位，而是王位已經永久都被堂兄弟與姪子的血脈給奪走了。」

持國與席娃伽彌共通的並不只這一點，甚至連細節都很相似。譬如，兩個故事都同時出現有王家的新娘（黑公主與提婆犀那）。

持國誤解了弟弟的話，讓自己的兒子難敵在選婿儀式中與黑公主結婚，並為此感到高興。再者，持國還下令要給黑公主許多裝飾品（《摩訶婆羅多》第一卷第一九二章第十九～二十詩節）。

另一方面，席娃伽彌也命令帕拉提婆贈與提婆犀那許多裝飾品。「贈與新娘裝飾品」這個意象也與持國一樣。

再者，席娃伽彌認為，亞美德拉所帶回的提婆犀，是將要嫁給自己兒子的女人。所以連「誤將姪子的新娘弄錯為自己兒子的新娘」這個細節，持國與席娃伽彌也是一樣的。

最終，轉動命運之輪的也是持國與席娃伽彌。兩人都下了個和「死與戰爭」相關的命令。這一點也是共通的。

持國被兒子難敵唆使，以至於下了引發「摩訶婆羅多」這場大戰的命運賭局。由於是命運賭局，成為賭注的持國受了極大恥辱就是之後大戰的原因。

而席娃伽彌也下了決定性的絕望命運決定，她命令奴隸卡塔帕殺害亞美德拉。亞美德拉因此死去，而亞美德拉的兒子瑪罕德拉最終則發動了報仇之戰。

「母親的話」

席娃伽彌具有部分《摩訶婆羅多》主角，亦即般度五王子母親貢蒂的要素。貢蒂說出口的話會成為「法」。在選婿儀式中，五王子帶著黑公主回家，貢蒂以為帶回來的是供奉糧食，就隨意說了一句：「你們五人分吧。」母親的話就是絕對的，因此，堅戰把母親的話當作聖旨，跟兄弟們共同擁有一個妻子（《摩訶婆羅多》第一卷第一八二章）。

而席娃伽彌則是宣示「帕拉提婆將娶提婆犀那為妻」。為了實現這個宣示，就讓亞美德拉擄回了提婆犀那。但是，提婆犀那卻選了亞美德拉為丈夫。席娃伽彌無法改變自己的法，只好想出次好的對策，宣示讓亞美德拉繼任王位。

如同貢蒂的話是「母親的話」，所以絕對要服從一般，席娃伽彌的話也具有絕對性。

在《摩訶婆羅多》中，黑公主的一妻多夫婚姻說明了「一切都是為了粉飾貢蒂的失誤」（《摩訶婆羅多》第一卷第一八七章第二八～三十詩節）。席娃伽彌也同樣重視「宣示絕不能失誤」，為了不讓自己的宣示遭到挑戰，於是做出了各種因應行動，最終甚至下令要暗殺亞美德拉。

作為王權女神的席娃伽彌與凱爾特神話

席娃伽彌身為「國母」自己掌握了王權，並且也擁有指定下一任國王的決定權。席娃伽彌與王權的連結，我將拿愛爾蘭的凱爾特神話來做比較。愛爾蘭在地理位置上與印度相隔甚遠，但是，兩國同為「印地語系」，在神話故事中其實有許多相似之處。

在愛爾蘭，留存了大量顯示著王權與女神有深刻關係的神話故事。而昭示王權的女神正是大地。當大地因為衰老國王的惡政而失去豐饒，女神就會以醜陋的老婆婆之姿現身。一旦年輕力盛的國王讓大地又重獲豐饒，女神就會變成絕世美女。國王與女神結婚後，才算正式取得了成為國王的資格。因此，從前人們會把王妃視同女神。依據凱爾特神話，當人類的國王奧凱德王（Eochaid）即位，因為沒有娶妻，所以無人願意繳納稅金。但當國王娶了愛爾蘭第一美女艾恬（Étaín）後，人們才終於認可這位國王。

這類國王與王妃的關係，正說明了國王與女神的關係。譬如，在凱爾特曾有過這樣的神話故事。

代雷王（Dáire）有五位都叫做盧蓋德（Lugaid）的兒子。預言說，他們之中誰要是能得到如黃金般閃耀的小鹿，誰就能即位為王。某日，五個王子帶著隨從，騎馬出門去找黃金小鹿。他們發現小鹿後便群起追逐，孰料在追逐中遇到濃霧，王子便與隨從分開了。最後，是由其中一個王子盧蓋德・萊德（Lugaid Laigde）捕殺了那頭鹿。此時，開始下起大雪，其中一位王子出發去找尋避雪的處所。他找到了一戶家中燒有炭火，且有豐盛食物與啤酒的人家。這戶人家裡住著一位醜陋的老婆婆，她跟王子說，如果願意跟她同寢榻，就借床鋪給他睡。王子拒絕了老婆婆的邀請。後來，其他王子們也都來到這戶人家，但是沒有人願意在那裡過夜。最後，盧蓋德・萊德進入那戶人家，與老婆婆同榻而眠。沒想到驚人的事情發生了，老婆婆的臉居然宛如五月的朝陽般閃耀，全身散發芳香。盧蓋德緊抱著她，接著老婆婆說道：「我就是王權。你將能得到愛爾蘭的王位。」

（A.H.Krappe, "The Sovereignty of Erin" *The American Journal of Philology* 63,1942,pp444-454）

這種思想在印度神話中也可發現，在多數文獻中顯示，名為吉祥天女（Lakṣmī）的幸運與王權女神都被視為是國王的妻子。

將王妃視為王權女神的觀念，不只在具有神話遺跡的古老遺物中得以見到，在現代印度中也延續著。我要來跟各位介紹一則能作為佐證的新聞。二〇〇三年六月八日的日本《朝日新聞》中有這麼一則簡短的報導。

「這個國家由單身的總統阿卜杜蘭・卡蘭（Dr. APJ Abdul Kalam）與總理阿塔爾・比哈里・瓦巴依（Atal Bihari Vajpayee）統治著。在印度教的文獻記載中，這可是非常不吉利的。所以，熱浪與乾旱才會如此擴大。」／印度中部，中央邦的邦長在進行選舉演說時這麼說道。《印度時報》報導。該邦邦長在國政上是屬於在野黨的國民大會黨。

在這則新聞報導中，直接表達了領導者必須要有配偶的觀念，因為配偶就是王權女神的化身，若是沒有配偶，可能會引起各種天災。

像這樣，當我們回溯包含了凱爾特與印度的印歐洲語系原本共有的神話，就可以知道尤其是現代印度中，席娃伽彌也是身懷印度命脈的「王權女神」化身。在電影中，席娃伽彌出現了多次高昂的宣示：「以此宣示為法與心要！」就是以一個體現王權的女神身分所發表。再者，作為王權女神，她選出下一任國王、協助國王即位，之後也留在國王身邊擔任輔佐的角色。即使在死後也保有力量，在最後瑪罕德拉即位場景中，她的名字被這樣提及。

（瑪罕德拉・巴霍巴利的台詞）「以國母席娃伽彌為證，人民相信勤勉與正義，努力採行正確的行為。如果我做出相反的行為，必遭斬首、跌落奈落遭業火燒身。在此，國王發誓。以此宣誓為法與心要！」（摘自劇場手冊《巴霍巴利王：磅礴終章》完全版）

兩位王權女神

坤塔拉王國備受愛戴的公主提婆犀那被亞美德拉・巴霍巴利帶走，嫁到瑪西瑪帝國。在集會場上，當席娃伽彌當眾宣布：「妳的丈夫是帕拉提婆。」提婆犀那十分憤怒。於是在席娃伽彌面前，她高聲拒絕道：「公主要自己選擇丈夫。妳難道不知道嗎？」

在史詩中，王族公主會有一個自行選丈夫的選婿儀式，那是史詩中公主們的主要婚姻型態。

在選婿儀式中，國王會召集各地的國王與王子聚在一起，讓公主們自由地選擇丈夫。譬如在《摩訶婆羅多》有這樣的故事。

般遮羅國王想要把女兒黑公主嫁給阿周那王子。因此，他幫女兒舉行了選婿儀式，還特地做了一把只有阿周那王子能拉開的超強弓箭，並告訴聚集而來的國王與王子們說，只要拉動那把弓並射中靶心者，就能與公主結婚。所有國王與王子接連挑戰要拉弓射箭，卻無人能拉動那把弓。最後只有化身為婆羅門的阿周那輕易地拉開了那把弓，並把箭射到了靶心上。於是黑公主帶著微笑，拿著白色花環往阿周那王子走去（《摩訶婆羅多》第一卷第一七四章～第一七九章）。

在印度神話中頻繁地提及，但是是否為歷史上實際存在的儀式並不可考。在這裡是被當成一個神話中的意象。如此一來，公主的選婿儀式，尤其是以達馬揚蒂（Damayanti，《摩訶婆羅多》中維達婆國王毗摩的獨生女）為例，可與希臘神話中，特洛伊戰爭的女主角海倫的選夫場景作比較。

海倫擁有如女神般的美貌，吸引了各國國王與王子們紛紛前來向海倫的父親廷達瑞俄斯王（Tyndareus）提出求娶的要求。但是身為父王的他決定讓海倫自己做選擇，所以要求所有人，無論結果如何，都要尊重海倫的決定與獲選者的權利（參考阿波羅多洛斯（Apollodōro）《Bibliotheca》三、一〇、九，高津譯及《ギリシヤ神話》第一五〇頁）。

海倫從眾多求婚者中，以自由意志選擇了夫婿。從這一點來看，與達馬揚蒂是共通的。

另外，選婿儀式中「以弓箭競技來決定夫婿」的要素，也能在希臘神話中看到。如記載著英雄奧德修斯（Odysseus）在特洛伊戰爭後的冒險故事《奧德賽》中的故事。

奧德修斯的妻子潘妮洛普由於丈夫常年不在身邊，常有眾多求婚者聚在家門口，並經常舉行酒宴。潘妮洛普擔心丈夫財產用盡，最後決定再婚。她拿出丈夫的強大弓箭，要求求婚者比射弓箭，說要是誰能拉動弓箭射穿十二把斧頭，她就嫁給誰。但是，無論哪位求婚者都拉不動那把弓，而渾身泥濘悄悄回到家的奧德修斯，拉了那把弓射穿十二把斧頭，殺了所有求婚者，贏回了自己的妻子潘妮洛普。《奧德賽》

無論是奧德修斯或是阿周那，都是藉由拉弓娶到妻子，或是把妻子贏回來。再者，阿周那變裝成婆羅門，奧德修斯也因為女神雅典娜的計謀而披上破布變身成老人的模樣。這一點是兩則神話故事的相似之處。

變身可以聯想到亞美德拉與提婆犀那相遇的場面。亞美德拉隱瞞自己的真實身分，變裝成旅人才與提婆犀那相遇。

而公主自己選夫婿的神話則反映了女神「選擇」國王的觀念。這樣的神話故事也記述在《摩訶婆羅多》中。

從前，阿修羅王摩訶缽利（Mahabali）窮盡權勢，甚至達到凌駕眾神的奢華，直到某日他喪失了一切。因陀羅來到摩訶缽利身邊，訴說著關於至今他所遭逢的境遇，後來，摩訶缽利身體裡的繁榮女神室利以閃耀姿態現身，並說道：「由於他喪失了所有的德性，所以我離開了他，住到了因陀羅身體裡。」（《摩訶婆羅多》第一二卷第二一六～二一八章）。

這是一則關於王權與榮耀的女神室利拋棄惡魔的阿修羅王，轉選擇了眾神之王因陀羅的故事。在《摩訶婆羅多》其他地方也有與此相似的故事。

聖仙那羅陀與因陀羅在河岸邊對話，此時，如同第二個太陽般閃耀的女神乘坐毗濕奴的馬車跟著飛天女神（apsarā）出現。她說道：「我是室利，以前與阿修羅同住，但他們崇高的德性已全然消失。因陀羅啊，我想離開他們跟你同住。」因陀羅接受了她。此後，天地間所有生物都能享受幸福與繁榮（《摩訶婆羅多》第一二卷第二二一章）。

在這則神話的最後部分記述了因羅陀接收了室利，使得世界開始朝正向運作的故事。世界的樣貌如下描述。

因羅陀在正確時間點降下了雨在田裡，沒有人遠離法道。大地有許多的珠寶礦脈點綴。人們正確地舉行儀式，時刻滿溢著歡欣。人類、眾神、緊那羅（kinnara）、夜叉、羅剎天（Rākṣasa）們都獲得繁榮、幸福與榮譽。水果與花草就算是迎風吹拂，也都穩穩地停留在枝椏上，沒有一物從樹木上掉落。如意牛泌出如甘露般的乳汁。所有人都沒有口出惡言（《摩訶婆羅多》第一二卷第二二一章第九〇～九二詩節）。

室利作為王權的女神「選擇了」因陀羅成為眾神之王，為世界帶來了秩序與繁榮。這可以想成是女神室利的「自主選婿」。

在電影《巴霍巴利王》裡，提婆犀那在席娃伽彌面前，選擇了亞美德拉作為她的結婚對象，並走向了亞美德拉。這就是提婆犀那的「自主選婿」，也代表著作為「王權女神」選擇亞美德拉為國王。在電影裡，還有另一個人是王權女神般的化身存在，那就是席娃伽彌。提婆犀那與席娃伽彌以「兩位王權女神」的形象在故事中互相對立，席娃伽彌宣示由親生兒子帕拉提婆繼任王位，而提婆犀那選擇之後想要奪回王位的亞美德拉，這就讓雙方的對立更為明確了。

如同室利選擇了因陀羅，王權女神只要選擇了正確的國王，世界上就會出現吉兆。但是，在帕拉提婆的即位場景上，發生了「巴霍巴利呼叫」，也就是震天動地般的天地異變，這是不祥的預兆。這件事表現出，席娃伽彌選錯了國王，而且在神話上是不可能有兩位王權女神並存的。

亞美德拉遭到遠離法道的王權女神席娃伽彌所殺害。後來她為了贖罪，收養了亞美德拉的兒子，並為亞美德拉與提婆犀那的兒子取名為「瑪罕德拉」，更宣示他為下一任國王。亞美德拉這個名字有「不死的因陀羅」之意，瑪罕德拉則有「偉大的因羅陀」之意，兩人都是因陀羅「眾神之王」。再者，瑪罕德拉是亞美德拉的轉世，也是席娃伽彌捨命守護的孩子。當時，如果放任瑪罕德拉順水流走，他就必死無疑，因此電影裡最初的畫面是席娃伽彌在即將滅頂時，仍用手高舉著瑪罕德拉。

「濕婆神啊。如果你想要我的命，請儘管拿去。但是，請放過這孩子，他必須要為等著他回家的母親活下去。他要坐上瑪西瑪帝王國的王座，瑪罕德拉比須要活下去！」

（引用自劇場手冊《巴霍巴利王：磅礡終章》）。

王權女神以命交換才得以恢復原本的模樣。另一位王權女神提婆犀那則持續忍耐著長達二十五年都無法掙脫的屈辱，等待著丈夫亞美德拉的轉世、被兒子瑪罕德拉拯救，直到兒子終於坐上王位。然後，等在前面的是女戰士阿凡提。她是瑪罕德拉的情人，美麗的女戰士。最後就是改由阿凡提作為王權女神守護國王。

提婆犀那與黑公主

電影裡，為了到濕婆神廟參拜，提婆犀那不顧自身高貴的身分跟著排隊。在隊伍裡，有位藉機碰觸女性身體，說著「下個就輪到妳囉」的性騷擾將軍塞圖帕蒂（Sethupathi）正蠢蠢欲動著，但是提婆犀那毫不猶豫地用刀切了將軍的手指頭。

後來，亞美德拉出現，解救犯了罪且兩手被綁在身後、等著接受裁罰的提婆犀那。當亞美德拉向提婆犀那詢問事情原委，他說：「該切的不是你的手指頭，而是你的頭。」語畢，他一刀砍了塞圖帕蒂的頭。這個行為當場惹怒席娃伽彌，於是她流放了亞美德拉與提婆犀那。之後，兩人捨棄了珠寶飾品，開始與庶民們一同生活。

這個場景與《摩訶婆羅多》中，般度五王子與他們共同的妻子黑公主被整個王國流放的狀況非常相似。

般度五王子的長男堅戰雖是德高望重的「聖王」，但卻沉迷於賭博。因為在一場由堂兄弟難敵跟叔父所謀劃的骰子賭博詐騙賭局中賭輸而被流放，之後長達十二年間都在森林裡度過。第十三年時，他們被迫得要隱瞞身分生活。般度五王子與黑公主於是都卸下飾品與華服，恢復樸素面貌，一起前往森林裡。市民們都哀嘆悲傷，跟在他們身後不肯離去（《摩訶婆羅多》第二卷第四三～七二章）。

被流放的王妃與國王的意象、卸下所有身上飾品的意象是《摩訶婆羅多》與《巴霍巴利王》共通的。另外，受到人民愛戴的這一點也相同。

黑公主與提婆犀那的相似之處，應該是兩人都是強悍的女性。黑公主在被流放期間，曾幾次向堅戰要求發動戰爭以奪回王國。她無法接受因為一場賭博詐騙而遭到流放，於是她不斷發牢騷地要求堅戰應該要奪回王國，但是，堅戰只是邊說些道理邊安撫黑公主。

在「要求奪回王位」這一點上，提婆犀那在安產祈福的場景中，也同樣高聲要求亞美德拉要奪回王位。此後，這件事成為引爆點，致使席娃伽彌發出對亞美德拉的暗殺令。

亞美德拉是英雄的複合體？

至此，我們一起思考了女性主角們，接著，改把焦點放在男性主角們身上。

亞美德拉具有《摩訶婆羅多》裡般度五王子中前面三位的特徵總和。德性高的「聖王」是屬於堅戰的要素；一次能射出三支箭的戰士則是阿周那的要素；怪力戰士的特質則具有難敵的要素。

首先來討論亞美德拉與堅戰相似的部分。

雖然堅戰在戰役中並沒有很活躍，但最重要的是他是個國王。弟弟阿周那與難敵身為戰士，站在輔佐堅戰的立場上。堅戰身為正法之神閻摩之子，既是「聖王」，也是位人人愛戴的國王。

有則故事能看出堅戰作為「聖王」而做出了「正確的選擇」。當堅戰的四個弟弟死去在夜叉（此鬼為食的神，實際上是閻摩神）的守護泉邊，夜叉追問了他關於法的問題，因為他能明確回答出來，夜叉同意讓他其中一個弟弟重返人間，結果他選擇了無種。他不是選擇阿周那或是怖軍等同胞兄弟，而是選擇了異母兄弟。那是為了要能公平對待自己母親與無種兩雙胞胎的母親之故，也是為了要符合法的選擇。沒想到，因為滿足了這個選擇，夜叉最後讓他的所有兄弟都死而復生（《摩訶婆羅多》第三卷第二九五～二九八章）。

亞美德拉也同樣遭遇了選擇的情況。亞美德拉雖然帶著提婆犀那回到瑪西瑪帝國，但是席娃伽彌被倔強的提婆犀那激怒，因此，席娃伽彌要亞美德拉在王位與提婆犀那之中做出選擇。正當亞美德拉想著，哪一個選擇才符合法，接著又想起自己與提婆犀那的約定，最後選擇了提婆犀那。

無論是堅戰或是亞美德拉的選擇，都與我們的期望相反，不論是同胞弟弟的命或是王位，都不是他們的第一選項。這就視作可以是他們具有德性的證明。

作為無敵英雄，亞美德拉就像《摩訶婆羅多》裡的阿周那。尤其是他們都曾「一次射出三支箭」。亞美德拉滯留在坤塔拉王國時，遭受蠻族大軍襲擊，為了坤塔拉王國，他一馬當先的戰鬥。那時，就是由提婆犀那教授他「一次射三支箭」的方法。兩人共同拉著弓的戰鬥場面是整部電影的亮點。

阿周那也曾一次射出三支箭。

再者，從手持棍棒戰鬥、肉體強韌這方面來看，他則與阿周那的另一個兄弟怖軍相似。

以上，我們能看出亞美德拉完滿演繹了《摩訶婆羅多》主角三兄弟的英姿。

亞美德拉與黑天、「戀愛遊戲」與「搗蛋鬼」

電影《巴霍巴利王》最一開始的場景是，席娃伽彌用一隻手掌高高托著嬰兒馬罕德拉，任憑自己被河流逐漸淹沒。「被河流淹沒的嬰兒英雄」是神話意象。只要是清楚《摩訶婆羅多》的人，看到這一幕應該都會想起迦爾納。迦爾納是太陽神與人類公主貢蒂兩人愛的結晶，為了掩飾婚前生子的不良行為，貢蒂將嬰兒放入河裡。後由俱盧族國王的車伕夫妻撿到，並將他撫養長大。

除了「出生後馬上就被放到水流中，之後被救起，改由身分低下的父母養育長大」這個共通點之外，迦爾納與馬罕德拉兩人在神話性上並沒有直接關係。不只是生來就高貴，負責擔任邪惡一方的迦爾納與自始自終都維持正義的馬罕德拉其實相距甚遠。

倒不如說，是馬罕德拉在迦爾納之後默默繼承了「被放水流的嬰兒英雄」這個世界性的神話意象。

譬如，在巴比倫傳說中，阿卡德（Akkadi）帝國大王薩爾貢（Sargon of Akkad）在父親死後誕生，幼時的他被身為巫女的母親放入蘆葦籃中，並投入幼發拉底河中任其漂流。這個傳承是以楔形文字記述成自傳（薩爾貢傳說）。敘述如下。

我是阿卡德帝國的國王薩爾貢。我的母親是一個身分低下的人。我對父親一無所知。父親的兄弟住在山裡，而我所住的地方亞茲比拉努斯位於幼發拉底河岸邊。身分低下的母親偷偷地生下了我後，把我放入燈芯草編織的籠子裡，再用瀝青封口後放入大河中。但是，大河並沒有吞沒我，它保護著我，並把我帶到負責灌溉的園丁那裡。園丁把我從河裡撿了起來，當作自己的孩子養育。他把我養育成園丁。在我工作時，女神伊絲塔（Ishtar）愛上了我。後來我統治了王國（引用自《世界神話事典　創世神話と英雄伝説》第三二六～三二七頁）。

薩爾貢跟馬罕德拉一樣，兩人都是在出生後就被放入河裡漂走，也都是由身分低下的人們撫養長大的。

希臘的阿克里西俄斯王（Acrisius）聽到神諭說，她女兒生下的孩子將會殺了他，於是他將女兒達那厄幽禁起來。後來，宙斯讓達那厄懷孕，生下了珀耳修斯。國王將珀耳修斯與達那厄雙雙裝入木箱後投入海中。

母子共同被放入海中漂流，更是接近《巴霍巴利王》的要素。席娃伽彌並不是馬罕德拉的母親，而是相當於祖母的身分，但確實是等同於「母親」的存在。

在日本，也有同樣類型的故事，那就是鹿兒島縣的大隅正八幡宮（現在的鹿兒島神宮）所流傳的「大隅八幡宮緣起」。大比留女在七歲時生下兒子太陽神，父親因為害怕，所以將母子倆一起放入「虛舟」後再投入海中漂流，結果船漂到了九州南端的大隅國海岸邊。

這也是一則母子共同被放水流的故事。

作為神話故事，這個母子共同被投入水漂流的旅程，可以看成是表現出英雄「再生」與「經過儀式」。嬰兒跟母親一起被放入竹籠、箱子、船等象徵子宮的容器裡，而乘載著這個容器的水，可以看成是羊水。容器在水裡漂流著，被某人拾起等同於再次降生，這完全演繹了「再生」的意象。雖然是嬰兒，但又再經歷一次生的試煉。

像這樣的要素連結了世界的神話要素，在仔細思考印度神話時，可以發現馬罕德拉與印度眾神中的英雄阿周那相似。

在黑天的神話故事中，有個與牧牛女們愛的嬉戲的故事。黑天偷走正在泉水中沐浴的牧牛女們的衣服，一邊與她們嬉戲，一邊回應愛意。黑天變換多個分身，分別與牧牛女們嬉戲。尤其是他與牧女拉妲的故事，被寫成了美麗的詩句〔賈雅狄瓦（Jayadeva）『Gita Govinda』〕。這個部分跟《巴霍巴利王：磅礡終章》前半，馬罕德拉與阿凡提所開展的戀愛遊戲是相通的。

另外一點是使用「巧計」戰鬥。《巴霍巴利王：磅礡終章》最後的椰子樹場景表現出馬罕德拉的搗蛋鬼特性。為了攻打抓捕母親提婆犀那的王城，馬罕德拉在看到椰子樹後靈感乍現，後來利用椰子樹能彎折又有彈性的特性，將它當作彈簧，再將數人圍成圈，各自用盾牌守護自己，然後如發射飛彈般，將一隊隊的人馬用椰子樹送上城牆侵入王成。這一幕表現出了馬罕德拉智慧的勝利。

同樣的，黑天也是藉由許多巧計幫助般度五王子獲得勝利。

庫瑪拉與毗羅吒，王子的成長

從電影《巴霍巴利王》裡的登場人物就能看出與《摩訶婆羅多》有關聯。譬如，提婆犀那的堂兄弟庫瑪拉王子。

坤塔拉王國的王子庫瑪拉，在蠻族賓達利襲擊王國時，一開始和女性們一起躲藏，但阿瑪倫德拉激勵他：「膽小者必定能成為勇者。現在正是時候。賦予生命的是神、救人的是醫師、守護性命的是王族。」於是奮起參戰。

類似場景在《摩訶婆羅多》也出現過。阿周那與摩差國的王子毗羅吒（vctara）的故事也非常相似。毗羅吒王子在面對攻打國家的俱盧族軍隊時，被逼得只能單獨作戰，正當他感到害怕，男扮女裝的阿周那駕著戰車，對王子大聲激勵：「我從未聽聞王族棄戰而逃。與其害怕得逃走，不如戰死。」優多羅聞言，改變了自己的立場，與變成車伕的阿周那並肩作戰（《摩訶婆羅多》第四卷第三六～四〇章）。

原本在王宮裡隱瞞身分生活的阿周那，激勵王子上戰場奮戰，與阿周那立場相似的亞美德拉也同樣是隱瞞了自己的真實身分在王宮裡生活，一旦遭遇戰爭就激勵王子，讓他奔赴戰場。

帕拉提婆與難敵

《巴霍巴利王》與《摩訶婆羅多》有能相對應的正派角色，那麼，有沒有能與反派角色帕拉提婆對應的人物呢？

亞美德拉與帕拉提婆這對堂兄弟在覬覦王位的對立結構與《摩訶婆羅多》的般度五王子與堂兄弟的持國百子，尤其是與長兄難敵的對立結構非常相似。帕拉提婆的惡是繼承自父親，難敵也是因為父親持國的寵愛，才變得越來越邪惡。這裡表現出來的是「惡的遺傳」。

另外，嫉妒也是這兩個故事裡的重要元素。難敵因為非常嫉妒兼具德性、財富與地位的般度五王子，因此進一步引發了大戰。這件事可以從戴冠儀式後的場景看出。帕拉提婆在戴上王冠後，說了「為什麼你們要遠離我？為什麼你比較喜歡巴霍巴利呢？」於是他讓戴上王冠的雙手滴出鮮血。因為嫉妒優秀於自己的兄弟，才讓兩人步上了反派角色的道路。

卡塔帕是誰——通過禮儀與工作之神

接著，我想分析最後一個人物。這是在神話性上最難以解釋的。

亞美德拉十分仰慕那位雖是奴隸卻是最強劍士的叔叔卡塔帕。但是，因為席娃伽彌的命令，卡塔帕殺了亞美德拉。當亞美德拉的兒子馬罕德拉出現，卡塔帕對他表示效忠，宣示要幫他奪回王位。

卡塔帕這個複雜角色的原型，一般認為從《摩訶婆羅多》裡的一個小插曲可以看出。那是工匠之神陀濕多（Tvastr），出現在與因陀羅的神話故事中，有著「施行戰士通過禮儀的工匠之神」的意象。陀濕多在神話故事中是創造世界的神之一。如同做木工一般，他創作了世界。陀濕多在故事中經常是與眾神之王因陀羅處於對立關係。

陀濕多為了傷害因陀羅，創造出一條名為弗栗多（Vṛtra）的蛇怪。弗栗多與因陀羅進行長久的生死鬥後，最終一口吞下了因陀羅。但是，因陀羅讓弗栗多打了個哈欠，使自己得以逃脫。後來，藉由毗濕奴的智慧，讓他們倆暫時締結了和平條約。之後因陀羅趁著機會獲得毗濕奴的協助，擊敗了弗栗多（《摩訶婆羅多》第五卷第九～一〇章）。

在這則故事中，因陀羅先是被弗栗多吞下後逃脫，死而復生。這就是因陀羅的通過理儀*。也就是說，工匠之神陀濕多所擔任的角色是創造了弗栗多，讓因陀羅經歷通過禮儀。

卡塔帕作為陀濕多的後代，也繼承了同樣的角色，讓亞美德拉死去，再讓其以自己兒子的身分馬罕德拉重生。

*編註：表示一個人從生活中的一個階段進入另一個階段。

落下的黃金神像頭

在電影《巴霍巴利王：磅礡終章》的最後一個場景中，作為帕拉提婆虛榮象徵的黃金人像頭部掉落河水中，最終被沖到瀑布底下。而《帝國戰神：巴霍巴利王》的開場是馬罕德拉飛起，將瑪西瑪帝王國歸還。這部長片就這樣將最初與最後連結起來，形成了一個圓。

電影中的印度思想令人聯想到生而死、死而生這樣無限循環的無常觀。

馬罕德拉・巴霍巴利與亞美德拉・巴霍巴利展現了前所未有的「新英雄圖像」。雖身為戰士，卻不只有男子氣概，同時擁有高度的德性英雄圖像，這提供了一個迥異於好萊塢電影中的英雄圖像，也與日本人的心性相吻合。

作為戰爭神話的《巴霍巴利王》

《巴霍巴利王》中出現兩場戰爭，其一為亞美德拉與帕拉提婆為了決定誰適合當國王而與蠻族之間的戰爭。另一場戰爭則是馬罕德拉為了奪回王位與帕拉提婆對戰。這兩場戰爭就如同《摩訶婆羅多》裡的戰爭一樣，都是一種「裝置」。

因為第一場戰爭，得以判斷亞美德拉適合坐上王位。原本坐在王位上的席娃伽彌將王位歸還給亞美德拉一事，代表新的王權誕生及轉移，也就是戰爭擔任了產生新秩序的「裝置」。可惜這件事並沒有發生，王位後來是由帕拉提婆繼承。但不論如何，王權轉移確實發生了，在意義上應該是相同的。

第二場戰爭述說的是馬罕德拉要從帕拉提婆手上奪回王位，也是王權轉移的故事。也可以說，這場戰爭亦具有創造新秩序的角色。

「馬罕德拉」的戰爭

宇宙期的轉移　二分時（Dvapara Yuga）→爭鬥時（Kali Yuga）

「巴霍巴利」的戰爭

第一戰爭的王權轉移　席娃伽彌→戰爭→（亞美德拉）→帕拉提婆

第二戰爭的王權轉移　帕拉提婆→戰爭→馬罕德拉

要知道，現實中的戰爭與「裝置」無關。有的只是無窮的絕望、悲傷與混屯。但是在故事中，尤其是神話故事的戰爭多數被認為是具備建立新秩序的功能。不管是《摩訶婆羅多》，或是現代的印度電影《巴霍巴利王》，其訴說的神話，又或是神聖性的故事，背後都有共通的功能，所以戰爭故事才很常見。

如同我在第二章說明的，原初的殺害創造新的世界，或是建構新的世界秩序。而神話中的戰爭也具有同樣的功能。同樣的神話觀念經由《摩訶婆羅多》出現在電影《巴霍巴利王》中，讓人強烈感覺到神話的傳承。

從神話來看《RRR雙雄起義》

電影《巴霍巴利王》的導演S・S・拉傑摩利最新電影作品《RRR雙雄起義》在二〇二二年公開上映，插曲還獲得日本音樂獎，相當知名。據說在日本受歡迎的程度甚至超越《巴霍巴利王》。故事發生在一九二〇年英國殖民時期的印度。兩位主角分別叫做寇姆蘭・畢姆與蘭瑪・拉朱。故事是從兩位主角的角度來看待英領印度帝國（以下有幾處會提及電影內容，請注意）。

從神話的角度來看電影標題，是指「大地（＝印度）的回復」。而主角是遭受英國總督夫妻誘拐的貢德族少女馬利，她代表的是被踐踏的印度大地。我認為，誘拐馬利與《羅摩衍那》的誘拐悉多有相似之處。

《羅摩衍那》與《摩訶婆羅多》並列印度兩大史詩，故事是羅摩被王國流放後，妻子悉多在森林中被魔王羅波那誘拐，羅摩王子的苦難之旅。羅摩以及與他一起進入森林的弟弟羅什曼那得到神猴哈努曼的幫助，找到被幽禁在獅子國（Lanka Dupata）的悉多，為了奪回悉多而發動了一場戰爭。羅摩一行人獲得勝利，成功找回悉多。但是，羅摩懷疑悉多在遭幽禁時失去了貞操，所以要求她證明自己的清白。火神阿耆尼（Agni）保證悉多的純潔。只不過，當羅摩第二次要求悉多證明自己的清白，她發誓絕對清白後就決絕地回歸大地。因為悉多在嬰兒時就是由養父遮那加（Janaka）在大地發現的。也就是說，她是從大地誕生的大地女神。

這個故事與《RRR雙雄起義》有關的地方是，先前曾提到過，馬利就是神話裡的悉多。她遭到誘拐與幽禁，只能無助地等候哥哥畢姆率領族人來救。將馬利與悉多兩個角色一起看，就能看出馬利作為大地女神的一面。馬利就是遭受踐踏的印度的大地。

「大地」這個主題在這部電影裡的其他場面也能看到。就是電影中「Naatu Naatu」的舞蹈。畢姆因為不懂歐美風的舞步而遭到英國人的嘲笑，蘭瑪來到並看到這一幕後回問英國人們：「你認識Naatu Naatu嗎？」然後開始跳起這個華麗又亂七八糟的舞蹈。這個雙腳用力地踩踏大地的舞蹈，是鼓舞著遭受英國人統治、原本積弱的印度大地女神的舞蹈。這一點可以從歌詞中的「為了母親的大地」這一段看出。

我們把視角轉到蘭瑪與畢姆兩人身上，蘭瑪當然是《羅摩衍那》主角的王子羅摩。畢姆則有《摩訶婆羅多》般度五王子裡次男怖軍的身影。英雄怖軍表現出的特質是與弟弟阿周那相對的。阿周那用了弓箭這個神武器戰鬥，而怖軍則是徒手使用最原始的武器——棍棒——迎接戰鬥，怪力就是他的武器。電影裡的畢姆也有表現出這個特徵來。

關於電影裡的蘭瑪，因為他要幫助畢姆與馬利兩人，於是遭到英國總督逮捕關進地牢裡。在動彈不得的狹窄地牢裡，說是待在子宮裡也不為過。這就意味著他回歸大地子宮，甚至可以說他幾乎是處於假死狀態。但是，在這樣的情況下，畢姆救了他。這件事顯示了蘭瑪的再生。他變成更為強大的蘭瑪，得到神力的他，如神話中的羅摩般拿起弓箭，並騎上馬匹開始戰鬥。

然而，羅摩王子也是印度兩大神祇中毗濕的奴化身。

我推測，畢姆身上也能看見另一個最大神濕婆神的要素（首先提出這個觀點的恐怕是日本，為印度神話與印度圖像的研究學者天竺奇彈。https://note.com/tenjikukitan/n/ned19c688e320?magazine_key=m54c0ea9b56fc）。

首先，蘭瑪藉由釋放野獸們來搗亂英國總督的宴會會場以營救馬利。他把老虎等野獸從籠中放出來。但是，濕婆神的別名是帕舒帕蒂納特（Pashupati），這個字的意思是「獸王」。所以使喚野獸時的畢姆可說是濕婆神的化身。

再者，神話中的怖軍是風神伐由之子，與同樣以伐由為父的神猴哈努曼是兄弟關係。哈努曼是熱誠的濕婆神信仰者。也就是說，這裡提示了畢姆－怖軍－伐由－哈努曼－濕婆等連結在一起的。

最後，蘭瑪與畢姆合作抗敵的戰爭場面中，除了可以看到《羅摩衍那》與《摩訶婆羅多》中各種要素做了幸福的結合外，或許也能看見，毗濕奴神與濕婆神這兩個印度教中的大神祇現身。

在第三章中所提的，《摩訶婆羅多》的戰爭表示了宇迦這個時代的轉換。另外，如本章中所提到的，電影《巴霍巴利王》中帶來王權轉移的就是戰爭。而在《RRR雙雄起義》中，雖然戰爭會持續下去，卻顯示了印度大地的回復。電影最後，可以看到印度各地所展現的復原片段，顯示了《RRR雙雄起義》這部電影也描繪了建構新秩序需要戰爭。

《RRR雙雄起義》這個電影作品是將《羅摩衍那》與《摩訶婆羅多》這兩部印度的寶藏再現於現代。我認為是非常有價值的電影。

電影《巴霍巴利王》是以《摩訶婆羅多》等的神話為基底，講述的是新的現代戰爭故事，它讓神話復活了。《RRR雙雄起義》則藉由兩位主角體現出神話中的英雄，以最為普遍的、超越時代與地域的善惡對立而寫下了故事。

如前所述，神話中提到「殺害」的故事非常多。原初時，為了創造世界而殺害巨人。人類為了生存而食用的植物則是由殺害女神而生。眾神間相互殺戮反而重新建構世界秩序。人類也是藉由戰爭造成多數的犧牲，來讓舊秩序崩壞，從而建構新秩序。

無論是《巴霍巴利王》或是《RRR雙雄起義》都是戰爭故事，都是以印度神話為基礎。那麼，以神話為本的電影故事，究竟帶來了怎麼樣的效果呢？

我認為，這還是與神話中的「殺害」主題有關。殺害當然是壞事且殘忍的。但是「殺害」在神話中是有「功用」的。殺害生靈才能「建構秩序」。無論是世界本身、人類生存的這個社會，都藉由戰爭與犧牲來建構。人類本質上是殘虐、具有互相殺伐的本能。不管是動物或是植物，人類都必須要殺害、奪取其生命才能生存下去。

人類的殘虐本能在「神聖故事」中被結構化。在故事中編織出來的「殺害」，其意義會超越世代地傳承下去，同時也弱化真實感，如此才能滲入人心而變得一般化，然後普及起來。如此，神話就能超越漫長歲月流傳久遠。

第五章

瘟疫、死亡、再生

現代瘟疫——新冠肺炎大流行

二〇二〇年三月，新冠肺炎快速擴散至全世界，自此，人們的生活大為轉變。學校的實體課程緊急變成線上課程，不熟悉的工作方式為人們帶來了許多困惑。人們出門採買日用品的頻率降到最低，當時，宅配成了最重要的購物方式。除了家人，人們幾乎不再與其他人聚會見面，甚至連每個月去的美容院都成為與他人接觸的稀有時間。

終於，人們開始習慣這樣的生活，非常態生活變成了常態生活。即使到了二〇二三年度，我任職的大學也還是採線上上課的形式，由於原本就是人數眾多的大課，我根本無法想像，之後會變成怎麼樣的上課型態。說不定，線上課程會這麼持續下去，我再也沒有機會見到學生的臉龐，光想就覺得寂寞。只不過，再思及過往長時間通勤的勞累，線上課程或許也不全然是壞事。

確實，新冠肺炎改變了日常。

在新冠肺炎時期，日本開始流行起尼彥。尼彥是傳說中在江戶時代出現的妖怪，有著一

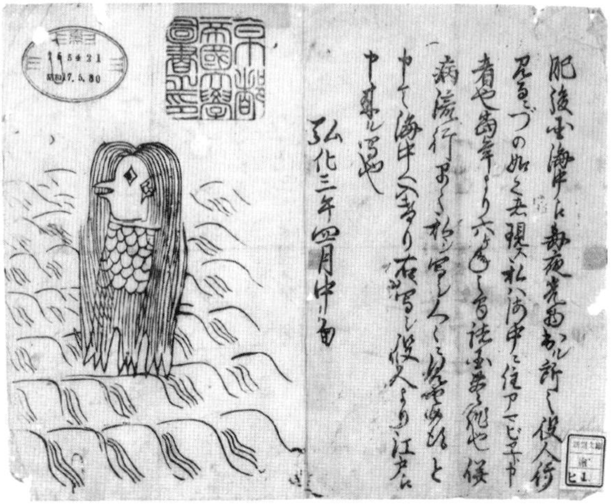

「肥後國海中怪物」（尼彥 AMABIKO 的圖）。江戶時代後期的版畫。京都大學所有，京都大學附屬圖書館收藏。

頭長髮、全身布滿魚鱗、有嘴喙與三隻腳，多出現在海上。據預言，如果把尼彥畫成圖像，人就能免除疾病並獲得健康長壽。在新冠肺炎流行時，尼彥的圖像曾一度在社群平台大流行。許多人畫了尼彥後會上傳到社群平台，宛如祭典般熱鬧。

尼彥的三隻腳有其意義。三隻腳在中國神話中的代表是住在太陽裡的烏鴉。一般動物通常是兩隻腳或四隻腳，三隻腳的狀態很不尋常，就如同太陽上的烏鴉，能上至天界、下至地下界等與異界往來，所以尼彥或許也可以視為是與異界相連結的妖怪。

關於尼彥告訴人類要畫下自己的形象讓別人看這個預言，如果是當作把尼彥的祝福散布給更多人知道，那麼瘟疫以及之後被傳播開來的咒語，就可以看作是具有同樣作用但性質卻相反的。實際上，也就是因為這樣，尼彥才在社群平台上散播開來。

我將在本章試著分析瘟疫的神話故事，同時思考關於疾病帶來的死亡，以及死亡後可能帶來的重生。從第一章的地震、海嘯、洪水，第二章與第三章、第四章的戰爭，接著是本章的瘟疫之後，要來思考下一個階段的死亡與重生這部分。談完這些，才能結束本書。

瘟疫的神話

在希臘的敘事詩《伊里亞德》（Iliad）一開頭就出現瘟疫的故事。

希臘的聯合軍隊攻打特洛伊來到第十年。國王阿伽曼農（Agamemnon）與英雄阿基里斯之間，為了返還太陽神阿波羅大祭司克律塞斯的女兒克律塞伊斯的事而產生嫌隙。克律塞斯為了向阿伽曼農要回女兒克律塞伊斯，親自帶著大禮前往希臘軍營談判，但是，阿伽曼農怎樣都不肯放人。身為阿波羅大祭司的克律塞斯為此感到悲傷又憤怒，於是向阿波羅神祈禱。他的心聲傳達到了阿波羅神那裡，於是阿波羅神拉開災難的弓射向人間，引發瘟疫。那些弓首先攻擊了騾馬、狗隻，接著是人類，當時焚燒屍體的火熊熊燃燒，久久不曾熄滅。

阿基里斯眼見阿波羅神散佈的疾病為他的陣營帶來痛苦，於是試著說服阿伽曼農，但是憤怒的阿伽曼農不聽勸，非要阿基里斯交出他心愛的克律塞伊斯。兩人一言不合便開始交戰，後因雅典娜的忠告，才讓他們停止互相殺害。傷心至極的阿基里斯忍痛交出愛人後退出了戰爭（參考《新裝版　ギリシヤ神話》第六五八～六六二頁）。

在人類戰爭最白熱化時，阿波羅神在人間降下了瘟疫。阿波羅神雖以太陽神聞名，但他其實是預言之神、瘟疫之神，也是療癒之神。關於阿波羅，他與人類公主柯洛尼斯（Coronis）生了一個兒子阿斯克勒庇俄斯（Asclepius），也就是希臘神話中的醫神。

在《舊約聖經》的〈出埃及記〉中也提到，一般認為家畜的瘟疫是神帶來的。由此可以看出，無論是希臘神話或是《聖經》，共通點都是神是引起瘟疫的原因。

醫神

事實上，關於瘟疫的神話很少，具體原因不明。可能是人類的不安與害怕由宗教安撫了。但是，神話故事中有療癒之神。在希臘是阿斯克勒庇俄斯，在印度則是雙馬童（aśvin）。耶穌基督也具有療癒之手。在日本，大國主神醫治好被剝了皮的兔子。《伊予國風土記逸文》中記載著，大國主神利用溫泉，讓處於假死狀態的少名毘古那神其起死回生的故事。

雙馬童有個關於返老還童的神話故事。

有一天，雙馬童無意間撞見在溫泉邊剛沐浴完的裸體美女蘇卡尼亞（sukanya），立刻被這位宛如女神的美麗姑娘所吸引，並要求她從他們兩人之中選一位當作丈夫。然而，蘇卡尼亞表示，自己已經是苦行僧恰瓦納（Chyavana）的妻子，拒絕了他們的請求。雙馬童不顧蘇卡尼亞的意願，硬是跟她說：「為什麼像妳這麼一個美女，要嫁給無法使妳快樂、也無法好好照顧妳的老人呢？妳應該拋棄他，選我們其中一個當丈夫才對。」蘇卡尼亞對他們進一步說明自己對於丈夫的愛意，接著，雙馬童跟她提議道：「我們是非常厲害的醫生，就幫妳的丈夫回復年輕的模樣吧。然後，再從妳的丈夫與我們之中選一人為夫。」後來，蘇卡尼亞將雙馬童的提案告訴恰瓦納答應了。因此，雙馬童讓恰瓦納進入水中後，兩人也同樣進入水中。從湖中走出來的三個人都充滿神性又年輕貌美，外貌長得一模一樣。蘇卡尼亞仔細地看著這三個人，並從中正確選出了自己的丈夫。

重新擁有美麗妻子且回復年輕的恰瓦納非常歡喜，於是跟雙馬童約定好，賦予他們飲用蘇摩（婆羅門教儀式中飲用的飲料）的資格。恰瓦納依約舉行犧牲儀式，當他正想把蘇摩交到雙馬童手上，因陀羅現身說道：「雙馬童是眾神的醫師，也是勞動者，因為他們會在人間逗留，所以不適合飲用蘇摩。」試圖阻止儀式。孰料，恰瓦納不予理會，仍舊堅持要把蘇摩獻給雙馬童，因陀羅只好用金剛杵使出雷擊攻擊恰瓦納。接著，恰瓦納以苦行之力做出酩酊（Mada）這個巨大的阿修羅，攻擊因陀羅。因陀羅為此感到害怕，只好允許恰瓦納獻出蘇摩。後來，恰瓦納將不需要的蘇摩分割成酒、女人與骰子

（引用自沖田瑞穗《マハーバーラタの神話学》弘文堂，二〇〇八年第十四～十五頁）。

在這則神話故事中，雙馬童自稱醫神，並藉著神力，讓恰瓦納恢復年輕的身體。雙馬童在眾神中的地位並不高，所以並不具備飲用眾神飲料蘇摩的資格。也就是說，他們並沒有得到眾神的許可。但是經由恰瓦納事件，雙馬童獲得了飲用蘇摩的資格，終於得到加入眾神的門票。

關於醫療之神的地位很低，或許令人感到很意外。但是，直接接觸病人血液等體液的醫師也曾被視為汙穢、身分低下，因此即使是醫神，地位也是很低的。

在日本神話中，大國主神是醫療之神。關於祂，有個治療被剝皮兔子的故事。

Hindi Gita Press Mahabharata 的插畫。一九六四年。長相完全相同的雙馬童與恰瓦納，以及要從中挑出一人當丈夫的蘇卡尼亞。

大國主神是素戔嗚尊六世的孫子。他有很多個哥哥。有一次，哥哥們（八十神），想要向因幡的八上姬求婚，決定一同前往因幡國。他們讓大國主神揹負重物，一起作伴前去。當他們來到氣多岬，看見一隻被剝了

皮毛的兔子躺在路中間，八十神教導兔子：「只要浸泡鹽水、吹風，然後躺在高山頂上就會治癒。」理所當然地，當剝去皮毛的皮膚泡完鹽水，風乾後，兔子的傷勢變得更加嚴重。最後，兔子的皮膚變成嚴重乾裂的狀態。

兔子疼痛地大哭，跟在八十神們之後的大國主神見狀，便詢問兔子事情原委。據兔子說，牠原本住在隱岐島，想要來到對岸，卻不知道方法，於是，牠向原本就在海邊的鱷魚說：「我想數算看看，兔子跟鱷魚我們兩族，誰的數量比較多。請你讓所有鱷魚集合，讓兔子跟鱷魚一起從這個島開始排隊到氣多岬，這樣就知道誰比較多。」鱷魚們於是排好隊伍，兔子就踩著一隻隻鱷魚的背部，邊跑邊數，眼看就要通過海峽時，兔子從最後一隻鱷魚的背上跳下岸前，不小心說出：「你們都被我騙了喔。」沒想到，離兔子最近的鱷魚抓住兔子，把牠身上穿的衣服全部剝去，兔子才裸著身子。之後，又遇到八十神教導錯誤方法，造成了現在傷口惡化的狀況。

聽聞兔子的遭遇，大國主神教導兔子正確的治療方法。兔子照著他所說的去做，馬上到河口邊，用淡水洗淨身體，再拿取河口邊的菖蒲花粉撒在皮膚上，並睡在上頭，身體竟然完全恢復。這隻兔子就是因幡的白兔，也就是兔神。兔子因為治癒了皮膚大喜，就對著大國主神祝福說道：「八十神們絕對無法跟八上姬結婚，定會與你結婚。」

故事中，發揮了醫療之力的大國主神，其實本身也是主掌死與重生的神祇。讓我們接著繼續看這則神話故事。

果然如兔子所預言的，八上姬並沒有答應八十神的求婚，反而選了身為隨從的大國主神為丈夫。生氣的八十神們想要殺了大國主神，便開始謀劃。當他們來到位於伯耆國的某座山山麓，他們對大國主神說：「這座山裡有一隻紅豬，我們要去追捕牠，你去山下待著等牠，看到牠就要抓牠。如果沒有抓到，我們就會殺了你。」之後就把大國主神趕到山下去。八十神們把長得像豬的紅色石頭燒得火燙，讓石頭滾下山。誤以為那是紅豬的大國主神抓住石頭，不久就被石頭燙死了。

大國主神的母神刺國若比賣得知這個消息後，悲傷地請求高天原的神產巢日神幫忙。神產巢日神派出蚶貝比賣（赤貝女神）與蛤貝比賣（蛤蜊女神）兩位女神前去。蚶貝比賣與蛤貝比賣從身體裡分泌出如母乳般的物質塗滿大國主神全身，他因此得以重生，回復原來的身體及容貌。

八十神們見到大國主神復活後，想要再次殺掉他，於是把他騙到山裡去。八十神們砍倒大樹，再用木楔撐開樹木，接著把大國主神塞進間隙中，然後迅速拔掉木楔。大國主神就這樣被大木頭夾死了。這次又多虧了母神哭著找尋大國主神，才終於從木頭夾縫裡找到他，使他再次重生。但母神想，如果再丟下大國主神一個人，想必八十神們又會殺了他，於是便帶著大國主神前往紀伊國的大屋毘古神（家屋之神）處。沒想到，八十神們棄而不捨地緊追在後，他們使用弓箭威脅大屋毘古神，要脅他交出大國主神，迫不得已，大屋毘古神只好讓大國主神去找根之國的素戔嗚尊。

大國主神後來在根之國的素戔嗚尊那裡經過試煉，娶了素戔嗚尊的女兒須勢理姬才又再度回到地面上。之後大國主神前往討伐了八十神們，終於成為國土之王（摘要自《古事記》）。

大國主神首先被像豬的石頭燙死，接著又被木頭夾死，但每次都得到母神的幫助起死回生。最後再從素戔嗚尊所統治的根之國，也就是死者之國中回到地面上。這件事本身就代表了大國主神的死亡與重生。與死亡戰鬥的醫療之神經歷了自己的死亡，最後克服了死亡。

先前提過，印度的雙馬童在眾神中的地位非常低下，而大國主神作為「國津神」之主，與天照大神為主的「天津神」相比，也可看出其位階與雙馬童類似。

在希臘中，有位名叫阿斯克勒庇俄斯（Asclepius）的醫神，以下來看看祂的故事。

色薩利大區（Thessalia）有位美麗的公主叫柯洛尼斯（koronis），她深受阿波羅神的寵愛。阿波羅神為了方便與科洛尼斯幽會，於是給了她一隻烏鴉。當時的烏鴉還是渾身白羽毛，能理解人語，也能說人語。

某次阿波羅神忙於工作，疏忽了柯洛尼斯，烏鴉看見柯洛尼斯與一名陌生男子在一起，便認定是柯洛尼斯變了心，於是去向阿波羅神密告。阿波羅神勃然大怒，拿起弓箭，一箭射穿了柯洛尼斯的胸口。不料，柯洛尼斯此時已懷有了阿波羅神的孩子。後來，阿波羅神為了自己不查真偽就盡信烏鴉的話，而殺了柯洛尼斯這件事感到懊悔不已。祂也因此事怨恨烏鴉，遂將其羽毛全數變黑，讓烏鴉後代都要為柯洛尼斯服喪。

柯洛尼斯死後，阿波羅神從她肚子裡取出了嬰兒，並將嬰兒交給半人半馬的凱隆（Chiron）扶養，這個嬰兒就是阿斯克勒庇俄斯。許多人因為他的醫術救回了性命，但某次，他讓死者起死回生，惹怒了宙斯，宙斯便用雷取了他的性命。但是很快地，阿斯克勒庇俄斯就以醫神的身分重返眾神之列（參考吳《新裝版　ギリシャ神話》，第一四六～一五二頁）。

阿斯克勒庇俄斯與大國主神都是在死亡後以神的身分重生，是經歷了死亡又克服死亡的醫神。兩人都是先治癒了人或動物，作為神雖未臻完美，但他們都是因為發揮醫術而死。阿斯克勒庇俄斯惹怒宙斯，被雷擊而亡，大國主神則是惹怒了八十神們而被殺死。兩人死而復生後都成為了完全的醫神與「大國主」這樣堂堂的大神。

死亡與重生的經驗或許可以說就是當醫神的資格。

疾病的起源

為人們帶來死亡的疾病，在神話中是怎麼出現的呢？首先，我要跟各位介紹克勞德・李維史陀（Claude Lévi-Strauss）所提起「M 5」疾病的起源故事。這是南美沃達貝（Wodaabe）族的神話。

很久以前，有位名叫比莫德的少年因為完全不願意進入男性的家中，而把自己關在母親的家中。這樣的做法惹怒了祖母，祖母每晚趁著少年熟睡時，到少年身旁，從少年口中取出小腸並吹氣。結果，少年日漸衰弱。終於察覺到不對勁的少年，決定裝睡來看發生什麼事。這日，祖母照舊來到少年熟睡的身旁準備做法時，他猛然出手阻止祖母，並用尖銳的弓箭殺死祖母。接著，靠著四隻犰狳的幫忙，在祖母平常睡覺的地方挖了個墳墓，將祖母埋葬進去，填好土，再蓋上草蓆。

同一天，族人出門去河裡毒魚。再隔天，女人們想出發去河裡取昨天被毒死的魚。莫德的姐妹想要請祖母幫忙看管年幼的孩子而去了祖母住處，卻尋不著人。因為祖母已經死去，所以無人回應。

於是，她決定將兒子放在樹枝上，並告知他要乖乖在原地等大人們回來。被放在樹枝上的孩子就這樣變成了白蟻的巢。而河裡有一大堆昨天毒死的魚隻，女人們來回好幾趟才把魚隻完全運回村裡，而莫德的姐妹則貪婪地吃掉了不少魚。

沒想到，她的肚子開始膨脹變大，因為太過痛苦而發出哀嚎，結果疾病就從她的身體裡散播出來，並很快地感染整個村莊，在人間散布了死亡。疾病就這樣被創造了出來（引用自C. Levi-Strauss,Mythologiques:Le Cru et Le Cuit, Librairie Plon（Paris）,1964,pp.67-68. 沖田瑞穗《マハーバーラタの神話学》第二二四～二二五頁，省略一部分）。

這則故事述說了疾病從女人開始發生。然後，疾病將人帶往死亡。這則神話故事所透露出的，即疾病與死亡的起源就在女性。

希臘神話中，潘朵拉的故事也是女性與疾病相關的神話故事。

宙斯命令眾神做出第一個人類女性——潘朵拉。

首先，赫菲斯托斯立刻用土與水混合揑塑，再放入人類的聲音與力氣，並模仿不死女神的臉做出美麗又惹人憐愛的少女樣貌。眾神做出潘朵拉後，由雅典娜教導她精緻的織布技術，黃金的阿芙蘿黛蒂將惹人憐愛的特質注入潘朵拉的腦中，同時也賦予她誘惑與會侵蝕四肢百骸的煩惱。眾神的使者荷米斯則給了潘朵拉不知恥的心與小偷的個性。

潘朵拉在眾神的餽贈下完成了裝飾，並得到「潘朵拉」這個名字。之所以造出潘朵拉，是因為在奧林帕斯的眾神想要贈送一個禮物給人類，祂們希望為每日為果腹而忙碌的人類帶來災禍。

在完美地完成這個計畫後，宙斯命令荷米斯將這分禮物送到艾比米修斯身邊。艾比米修斯的兄弟普羅米修斯曾經告訴過他，自己希望人間不會有壞事發生，所以千萬不能

[右]尼古拉斯・雷尼〈潘朵拉〉，十七世紀，雷佐尼科宮收藏。
[左]加百利・查理斯・但丁・羅塞提〈拿著罐子的潘朵拉〉，一八七八年，利弗夫人美術館收藏。

收受來自宙斯的禮物，一定要堅決退回。但是艾比米修斯絲不記得了，於是收下了這分禮物，後來他感到非常後悔。

當時，居住在地面上的人類種族原本可以免去所有煩惱，也不須要辛勤勞動，更不知道會帶來死亡的病苦。但是，當潘朵拉用手打開了陶甕上的蓋子，從甕中四散而出的一切便為人類帶來各種各樣的苦難。最後，只剩下「希望」還留在陶甕最底下，沒有飛散出。由於宙斯的算計，潘朵拉在「希望」散出前就蓋上蓋子。然而，其他不可計數的災禍卻跑到人間去。結果，現在無論是陸地上或是海裡都充滿災禍，病苦不分晝夜地將災禍送到人間、侵襲人類，但是這些災禍沒有發出聲音，那是因為明智的宙斯拿走了災禍的聲音〔摘自赫西俄德（Hēsiodos）《Erga kai Hēmerai》（工作與時日），引用自沖田《世界の神話》第九〇～九一頁，變更了標記與語尾〕。

這則故事告訴我們，是身為女性的潘朵拉將疾病散播到這個世界上。

將智慧之樹的果實拿出來給夏娃的蛇與亞當。老盧卡斯・克拉納赫，一五三〇年，維也納藝術史博物館。

與潘朵拉相同，在《舊約聖經》中，夏娃是第一個人類女性，也是災禍女人。她受到蛇的引誘吃下了禁忌的果實，之後也拿給亞當吃。兩人因此遭受神的責罰，同被趕出伊甸園，來到充滿苦難之地生活。

但是，女性也具有與潘朵拉和夏娃全然不同的、療癒的一面。她不是神話故事裡的人物，而是基督教的聖母瑪利亞。盧爾德泉水是法國知名的觀光地，據說聖母瑪利亞曾在那裡現身。之後，當地所湧出的泉水就具有治癒疾病的力量，尋訪者絡繹不絕。

從以前至今，瑪利亞一直是溫暖的療癒女神。據說在中世紀末期的西歐基督教社會中，瑪利亞在鼠疫中守護人們，因此受到許多人的信仰〔參考自克勞斯・施賴納（Klaus Schreiner）著，《瑪利亞 處女・母親・女主人》*Maria: Jungfrau, Mutter, Herrscherin*C. Hanser.1994年〕。

詛咒與感染

瘟疫與詛咒的相似處就是具有感染力。關於詛咒的感染相關著作，我想到鈴木光司的《七夜怪談》。故事大致如下。

有四位高中生同時離奇地死亡。其中一位死去的高中生是主角淺川和行的姪女，淺川於是展開調查，並觀看了受到詛咒的錄影帶。據說，凡看過這捲錄影帶的人都會在一週後於當初的觀影時間死亡。淺川也把錄影帶給好友高山龍司觀看，兩人計畫要合作解開詛咒，當調查進度越接近問題核心，他們明白原來下詛咒的人是跌落深井死去的山村貞子。於是兩人開始動手挖掘當初貞子跌落死去的深井，發現了她的遺骸。淺川的一週過去了，他卻平安無事，原以為詛咒解開了。但是隔天，高山卻死亡了。原來解開詛咒的方法是把錄影帶給下一個人看。淺川為了解救不小心看了錄影帶的妻女，決定把錄影帶拿給自己的父母觀看。就這樣，受詛咒的人越來越多……（摘自沖田瑞穗《怖い女》原書房，二〇一八年，第一〇七～一〇八頁）。

具有超能力的下詛咒者山村貞子是日本最後的天花患者，她後來跳進井裡自殺。此時貞子身體裡的超能力與天花病毒之力交互混雜，因此產生了具有感染力的詛咒。如同天花病毒一般，貞子的詛咒也具有感染力，因此可以透過受到詛咒的錄影帶無限制地散播。

關於具有感染力的詛咒，小野不由美也在著作《殘穢》（獨步文化）中描寫得淋漓盡致（接下來，關於詛咒的擴散方法非常有趣，所以會說完故事結尾）。

說故事的「我」是位住在京都市的作家。我曾請讀者們告訴自己一些恐怖故事。不久後，我收到一位名叫久保的讀者來信。二〇〇一年搬到新家的她，開始聽到家裡有個奇怪的聲音，彷彿和室裡有某個東西在摩擦榻榻米。而且能夠明顯聽出那聲音是在同一個點左右來回摩擦。就像是有個東西在那裡來來去去地移動著。某日，久保瞄到發出聲音的東西，是一條和服用的腰帶。

我覺得久保的故事充滿既視感。某日，當我在整理讀者來信，想起了自己為什麼會有既視感。因為曾經有位名叫屋嶋的讀者在來信中提到，兩歲的女兒看著家裡天花板說出「邋鞦韆」。久保與屋嶋同樣住在「岡谷公寓」，只是房間不同，久保住二〇四號房，而屋嶋則住在四〇一號房。

後來我向久保確認後，得知她所看見的腰帶是一條祝賀用的金襴緞子腰帶（以金線編織的布料）。在黑暗中，穿著正式的女性，用腰帶上吊，身體就在半空中搖晃著。這個畫面在久保腦中揮之不去。

接著，久保得知了這間二〇四號室以前曾發生過梶川事件。梶川在這裡住了五個月後決定退租，同時也辭去工作，然後在新家上吊自殺了。我與久保開始四處調查關於那塊土地上過往曾經發生的所有事件，而非公寓本身。

調查後發現，這塊土地在興建公寓前是一個停車場，在更久之前則是多棟透天的住宅區。泡沫經濟時期，因為有人收購了土地，大家只好陸續搬走，最後只剩下附近有名的垃圾囤積屋小井戶家，住在裡面的男人後來孤獨死去。

我知道了這些過往後，曾經住過四〇一號室的屋嶋打電話來，告訴我曾在這屋子裡體驗過的奇妙故事。據說，那是早在一九九九年發生的事。那時屋鳩正煩惱著榻榻米上傳來摩擦的聲音，卻驚見兩歲女兒邊說著「遢鞦韆」邊將線纏繞在填充娃娃脖子上玩。突然，不知道從哪裡傳來了嬰兒的哭聲。可是，那個房間在整棟建築物的角落，屋鳩家旁邊那間房也只住著一個男人。後來，屋鳩又聽到棉被周圍傳來爬行的聲音。屋鳩實在非常害怕，終於在那一年搬家。掛斷電話後，我整理著收到的資訊：「有某物正在爬行的聲音」「榻榻米上的摩擦聲音」「孩子盯著像是遢鞦韆的東西看著」「不應該出現的嬰兒哭聲」。

後來我們也調查了與岡谷公寓同處的「岡谷聯合住宅地」，發現有一戶不明原因無人居住的房子。先暫稱為「黑石邸」。後來入住的鈴木先生比較有感應力。他剛開始察覺到的是聲音，像是有人在走動的聲音，以及移動物品的聲音。有些時候會感覺到背後有人在洗碗槽洗滌物品。仔細看能在水龍頭上看見女人倒影。但是，倒影的高度很奇怪。那個倒影的位置稍高。讓人感覺像是上吊女人的倒影。這種種現象讓鈴木一家人忍受不，最後就搬走了。

我與久保繼續調查。我們往前追查這塊住宅地在改建成公寓前、甚至是在小井戶家來到之前的事，發現這裡曾住過一戶姓高野的有錢人家。高野家的太太利惠在女兒結婚典禮結束後不久，就在家中以腰帶在和室的樑上吊自殺。這正是久保所聽到怪事的源頭。

據利惠的朋友說，她一直抱怨聽到嬰兒的哭聲，最後因為那個哭聲導致她上吊自殺。據猜測，可能是利惠的女兒禮子曾經在東京因為意外懷孕墮胎的關係。

再往前追溯，在高野家之前，這裡是一間鑄鐵工廠。工廠周圍是專門供給員工住宿的長屋。曾經在長屋去世的中村小姐是一位有強烈貞操觀念的女人，據說在她生產後立刻殺了新生嬰兒。利惠所聽到的嬰兒哭聲應該就是這個。

我們兩人持續調查，久保卻對於從岡谷公寓搬到其他地方也還能聽見「東西摩擦榻榻米的聲音」這件事感到在意。明明新家並沒有榻榻米，卻還是聽得到。該不會是那個怪東西也跟到新家去了吧？

久保獨自去探訪了曾在鑄鐵工廠工作的鎌田。他表示，鑄鐵工廠總會有怪事發生，像是嬰兒的哭聲，也有其他人看到有很多燒得焦黑的人躺在工廠的地板上呻吟。有一次，鎌田加班到深夜，竟聽見從地底下傳來風吹的聲音、如地震般的聲音和著許多人們哀號呻吟的聲音。

同時我們又得知，曾住過岡谷公寓的住戶梶川在搬去的新公寓房間裡，也曾見過女性鬼魂在遊蕩。但在那個房間自殺的梶川是男性。因此，出現女性鬼魂這件事實在不太合理。難道是梶川帶來的嗎，他將利惠的鬼魂帶來了嗎？死的汙穢，死穢不斷傳染、不斷擴大，就像是感染症一樣。

我們持續調查後發現，在植竹鑄鐵工廠興建之前，那塊土地上的建築物是資產家吉兼家的屋舍。吉兼的第三個兒子友三郎因為嚴重的思覺失調症而被關在屋舍的房間裡。據說，他一直聽見有個充滿怨恨的聲音，要他燒毀家屋、殺掉家人。

在調查吉兼家的菩提寺（日本各家都有家族培提寺，家族遺骨皆放在這裡，由各所屬寺院管理）後，發現吉兼家的媳婦三善的嫁妝裡有一幅美人圖，帶來不幸的就是那幅畫。吉兼家只要有不幸事件發生，那幅美人圖上的美女臉龐就會出現幸災樂禍的笑容。後來，三善將那幅畫寄放在菩提寺的住持處，年紀輕輕就去世了。

若追溯到三善的娘家，就要到九州的福岡。怪談的源頭是三善娘家的奧山家。奧山家是資本家，經營著小小的碳礦。據說三善的父親義宣在明治末年到大正初期時殺害了全家後自殺。家人裡有母親、妻子與幾個孩子們，另外還包括了年輕孩子們的伴侶們。此後就開始發生一連串怪異的事件。另外，當時碳礦事故頻傳，尤其是礦區爆炸起火，造成許多人死傷。這也是奧山家怪異事件的延伸。

汙穢是會傳染、擴大的。只要沒有舉行淨化儀式，那個汙穢就會漸漸地擴大又擴大。

這本小說是怪談的寶箱。榻榻米上的摩擦聲音、嬰兒的哭聲、某物爬行的聲音、怨恨聲、要人燒掉房子的聲音、殺掉他人的聲音。所以一切都從一個家開始，如同感染症一樣，跟著接觸到的人慢慢擴散，甚至連遙遠的地方也會出現同樣的怪事。事情不只這樣。怪事會引起其他怪事。擴散、連鎖發生，怪異的汙穢會無止盡地擴散。

這樣的詛咒宛如病毒般擴散，且具有傳染性。在前面介紹到的鈴木光司的《七夜怪談》也把詛咒與天花病毒連結了起來。兩本小說的設定具有相似的連結。

人對於瘟疫的恐懼藉由怪談這類的故事表現出來。如同我在第一章所提到的，怪談其實可以視為現代的神話故事。

說到詛咒的感染就令人想起吸血鬼。在歐洲的民間傳說中，吸血鬼被稱為vampire或Vampyr，意指會站起來的屍體，被視為是瘟疫的起源而引起群眾恐懼。（Paul Barber,《吸血鬼與屍體》*Vampires, Burial, and Death: Folklore and Reality; With a New Preface*第二六、八〇頁）

本章一開頭提到，傳佈海彥雖有祝福之意，但在具有傳播性這一層意義上，也可視為是類似詛咒的感染現象。無論是詛咒或是祝福，尤其是在現代這個網路時代，更是能輕易散佈。神話中之所以鮮少提到瘟疫，或許是因為多數都被人們置換成詛咒了吧。

死亡的起源

等在疾病之後的，多數是死亡。人類遲早都必須面對死亡。接下來，來看看關於死亡的神話。神話述說到許多關於死亡的起源。譬如美索不達米亞文化中，將人類的死亡設定成轉換為蛇的不死。

吉爾伽美什是三分之一人與三分之二神的混合體，也烏魯克城的殘暴國王。母神阿魯魯（Aruru）為了與吉爾伽美什競爭，用黏土造了野人恩基杜（Enkidu，或譯為恩奇都）。沒想到，他們兩人竟然在戰鬥後變成了好友，並合力擊敗了杉樹林的看守者怪獸胡姆巴巴（Humbaba）。之後，女神伊絲塔（Ishtar）誘惑吉爾伽美什，但是吉爾伽美什拒絕了，並且開始談論伊絲塔以前的情人們都有著什麼樣的下場。伊絲塔為此感到暴怒，便跑去向父神與母神訴苦。他們為了消滅吉爾伽美什，造出天牛放到地上。後來，吉爾伽美什與恩基杜兩人殺死了這隻天牛。眾神為了懲罰恩基杜，遂給了他死亡的命運。最後，恩基杜因生病而來到死亡之地。吉爾伽美什感嘆著好友的死亡，同時也害怕自己將死，為了得到永生，他於是出發前去找人類始祖烏特納比西丁。

經歷了許多苦難後，他終於來到烏特納比西丁與其妻子所在之地。烏特納比西丁說起了過去的大洪水故事，並告訴吉爾伽美什有一種仙草能返老還童。吉爾伽美什在拿到仙草準備回烏魯克城的路上，將仙草擺在泉水旁，到泉水裡洗澡。沒想到，他辛苦取得的仙草卻在他沐浴時被蛇給吃掉了。蛇吃了仙草蛻了皮後便離去（參考自大林太良、伊藤清司、吉田敦彥、松村一男編《世界神話事典　世界の神々の誕生》角川蘇非亞文庫，二〇一二年，第八二～八四頁，引用自沖田《世界の神話》第四四～四五頁，並做了刪減，改變標記與語尾）。

從這則神話故事可得知，人類是因為蛇的介入而無法永生。相對的，蛇藉由蛻皮而得以返老還童，得以永生。不死與蛇蛻皮的生理現象就這樣連結在一起。

然而，不死與蛻皮的關聯不只這樣。因為會蛻皮的生物並不只有蛇。在印尼的蘇拉威西島上，有這樣的故事。

人類是從原初的海中孤島上一對男女開始繁衍出來的。只要有所需要，男人就會到天上去跟天神索取所需之物。後來，男人開始在地上耕作，天與地的連結逐漸消失。此時，天上的神還沒有讓人類有死亡的命運。因此，人類每年都會蛻皮，重返年輕。結果，地上的人類不斷增加，長生不死。最後，天上的神決定發起大洪水，只留下最初的一對男女，消滅掉其他人類。

後來，男人與女人坐著船，與洪水一起回到了天上，來到天神的居所。天神給了兩人一個小蝦，但兩人不願意吃。接著，天神拿出香蕉，兩人吃下了。後來才知道，如果當初他們選擇小蝦，就可以維持每年蛻皮、返回年輕的能力。無奈，他們選擇了香蕉（參考《世界神話事典　世界の神々の誕生》第五二頁，引用自沖田瑞穗《すごい神話》新潮選書，二〇二二年，第四一頁）。

在這則神話故事中，提到的不是蛇而是小蝦，蛇與小蝦都是會蛻皮、蛻殼的生物。由於人類並不會蛻皮、蛻殼，所以故事要說的是，人類必須面對死亡的結果。

故事中，香蕉與小蝦形成對比。香蕉一旦長出子株，母株就會馬上死亡，所以在神話中是短命的象徵，但卻也象徵著多產。而小蝦由於會蛻殼，所以是死與重生、不死的象徵。

這個香蕉與小蝦的對比結構，在另一個神話故事中也有出現。那是一則香蕉與石頭相對比的神話故事，這樣的故事結構稱為「香蕉型」。故事就發生在印尼的蘇拉威西島。

非常久遠以前，天與地的距離比現在還要近很多。地上的人類依靠創造神從天上垂降下來的物品生活。某日，創造神把石頭垂降至地上，人類的始祖夫妻卻不肯接受，並開口要求想要其他物品。於是，創造神收回了石頭，換成垂降香蕉至地上，夫妻倆便開心地吃了起來。然後創造神說：「你們捨石頭而選擇香蕉，所以，你們的壽命在有了孩子後馬上就會像香蕉的母株一樣死去。要是你們一開始就選擇石頭，那麼你們的壽命就會像石頭般長久」（參考《世界神話事典　創世神話と英雄伝説》第一四八頁）。

石頭是不死的象徵，而香蕉雖然短命，卻擁有子嗣。也就是說，這則神話故事逑說的是，該選擇長生不死卻無法擁有子嗣的命運，還是最終會死去卻能擁有子嗣，像種子般繁衍的命運。而這兩個選項無法同時都選。因為如果不死，又能繁衍子孫，就會因為生命過多而造成世界的失序。神話就是具有這種高度的邏輯。

在凱爾特神話中，有人類曾能不老不死的故事。醫神想要調配出不老不死的藥草，但因為亂做一通，最終並沒有做成不老不死的藥。神話中就用這樣的形式來述說死亡的起源。

眾神中的一族圖哈德達南（Tuatha Dé Danann）神族在與先住民費爾博格（Fir Bolg）的戰鬥中取得了勝利，其中有一位名為努亞達（Nuada）的神負責作戰指揮。祂也是這二十年來圖哈德達南神族之王。努亞達這個名字具有「帶來幸運者」「製造雲的人」之意。同時，祂也是具有治癒疾病之力、與水相關的神，另外祂還是戰神。從這一點來看，祂堪比希臘神話中的宙斯。祂在與費爾博爾格一族對戰中擔任總指揮，因而受到矚目，但不幸的是，在這場戰鬥中，他失去了一隻手臂。醫術與技術之神提安卡特（Dian Cech）為祂製作了一隻精巧的銀手腕。從那之後，祂被稱為「銀手臂的努亞達」。

帶領圖哈德達南神族獲得勝利的努亞達理應繼任王位。然而，在凱爾特的習慣中，肉體有缺陷的人無法待在王位等的高位上。因此，布雷斯（Bres）擔任國王達七年。但是，那也僅限於在醫神提安卡特的兒子米亞哈（Miaha）將努亞達的手腕治療恢復至原本樣貌之前。這就是事情的經過。

有一次，醫神提安卡特的兒子米亞哈與妹妹艾梅德（Airmed）一起來到努亞達的王城裡。他們請努亞達挖出已埋入土中的手臂並交給他們，然後，米亞哈將那隻挖出的手臂放在努亞達的肩膀上，邊念咒語：「筋回筋，神經回神經，請都連接起來。」一邊接上手臂。幾日後，努亞達的手臂就完全恢復原狀，連手指都能自由活動。

米亞哈的父親提安卡特對於自己當初為努亞達所製作的銀手臂被取下，兒子展現比自己更高超的技術，讓手臂宛如再生、完好如初感到非常憤怒。於是他舉劍砍向兒子，但只劃傷了皮膚並沒有割到肉，所以，米亞哈馬上就痊癒了。結果，提安卡特再次拿劍砍向兒子，這次深及骨頭，但米亞哈又治瘉了自己。第三次，劍削到了頭，深及大腦，但米亞哈又治癒了自己了。第四次時，提安卡特將米亞哈的頭切成了兩半，這次米亞哈無計可施，就這麼死去。

米亞哈的埋葬之處後來長出三百六十五棵草，每一棵都是能對治人體神經的藥草。米亞哈的妹妹艾梅德摘下那些藥草，一一謹慎地排列在斗篷上，並調配出對治各種疾病的藥物。但是，那位無法抑制自己嫉妒與憤怒的父親，翻覆了斗篷，導致藥草的順序大亂。如果當時這些藥草的順序沒有被弄亂，那麼人類或許就能得到不老不死的藥（參考自井村君江《ケルトの神話》ちくま文庫，一九九〇年，第八一～八四頁）。

這個故事說明了，人類的死亡命運來自於無法獲得不老不死的藥草。藥草，亦即本來是治癒疾病的東西，因與獲得不老不死連結失敗，所以可以把疾病與死亡看成是一連串的。人類雖會老死，但也可能因為重大疾病而死。因此，神話故事才會述說著疾病與死亡的情節。

在日本神話中，也有述說死亡起源的故事。在故事中決定死亡的，是生產出國土與眾神的母神伊邪那美。

伊邪那美是生產出國土與眾神的母神。但是，當祂生產火神迦具土神時，因為性器官被燒灼而死去。丈夫伊邪那岐非常傷心，於是出發前往黃泉要帶回妻子。到了黃泉，祂看到伊邪那美從黃泉之國御殿的門走出來，遂要求祂一起回到地上。但是伊邪那美說，自己已經吃下黃泉的食物，再也無法回到地上，但既然伊邪那岐特地到了黃泉，祂願意去與黃泉之神商量。伊邪那美還慎重地跟伊邪那岐說，到時候絕對不能偷看御殿中的自己。

伊邪那岐遵守約定地等候著，但實在過於久候，於是拿出一根梳子的梳齒放入火中，試圖偷看御殿之中。沒想到，伊邪那美的身體突然長出蛆蟲，伴隨著雷聲，祂變成了醜陋又恐怖的樣子。

驚恐的伊邪那岐開始逃跑，察覺丈夫逃跑的伊邪那美命令眾黃泉之國的女鬼們捕抓丈夫。伊邪那岐把梳子與髮飾丟向往後方後逃跑，那些被丟出的梳子與髮飾就變成了葡萄與竹筍阻擋了女鬼們。

終於，伊邪那美追到了丈夫。夫妻倆在黃泉與地上的邊界被大岩石分隔開，只好在那裡互相道別。伊邪那美說：「我要每天殺一千個你們國家的人們。」伊邪那岐說：「那我就每天建出一千五百個產房。」人類的死亡命運與繁殖的命運就這樣決定了下來（《古事記》）。

日本神話中另有說明了關於天皇壽命的故事，同一則神話也是說明人類之所以短命的神話。

天照大神的孫子瓊瓊杵尊在笠沙之岬邂逅了一位美女。她是山神大山津見神的女兒木花咲耶姬。於是，瓊瓊杵尊向大山津見神提出想跟他女兒結婚的請求，山神非常開心，於是讓姐姐磐長姬一起，帶著許多物品一同出嫁。

但是，姐姐長相非常醜陋，瓊瓊杵尊因為害怕看見她，於是把姐姐還給娘家。只留下木花咲耶姬一人，並共度了一夜。

山神大山津見神對於瓊瓊杵尊將女兒磐長姬送回這件事感到非常恥辱，於是下了詛咒：「我之所以把兩個女兒都出嫁予你，是祈望你娶了磐長姬後，天神御子的壽命將不會改變，而娶了木花咲耶姬則可以讓你永遠如花朵般盛開，但是，你卻把磐長姬歸還給我，只把木花咲耶姬留在身邊，那麼，天神御子的命就將會如花朵般短暫。」

瓊瓊杵尊的子孫也就是世世代代的天皇壽命才會變得這麼短（《古事記》）。

這是《古事記》中所記述的故事，但在《日本書紀》中，則是姐姐磐長姬自己對於被送回父母身邊感到恥辱，於是對瓊瓊杵尊與其子孫下了詛咒，天皇與人類的壽命才會縮短（第九段一書第二）。

在日本神話中，述說死亡起源的神話故事有兩個。首先是伊邪那美對伊邪那岐所下的詛咒——每天要殺一千個人類，這個詛咒決定了人類的死亡。接著是磐長姬對瓊瓊杵尊所下的詛咒——使得世世代代的天皇與人類的壽命縮短。

在這裡值得注意的是，這兩則與人類死亡命運有關的故事，其中主角都是女神。女神原本擔任具有誕生生命功能的角色。但如果只有誕生，世界秩序將會無法建立，世界將會滿溢生命，但大地無法承擔所有生命，所以必須要同時有生死才行。這個邏輯就展現在伊邪那美與磐長姬這兩個神話中。

先前提到的潘朵拉與夏娃被當成疾病與災禍的元兇，或許也反映到這則神話的觀念上。疾病及災難，兩者都與死亡相關。

在神話中，之所以把死亡、疾病、災難都歸諸於女性，或許並不是單純地男尊女卑。但若不是這樣，那麼或許是因為生與死的神話性思考而自然形成的。

印度的死後觀念1——輪迴說確立之前

前面我提到幾個與死亡起源相關的神話，但是，人死後究竟會如何呢？關於死後的觀念，尤其是印度擁有高度的思想。印度人從古至今，累積了不少死亡與死後世界的思想（以下參考自，中村元《中村元選集[決定版]第八巻　ヴェーダの思想》春秋社，一九八九年，第三五二～三五七頁，第五六〇～五六四頁）。

在印度，普遍認為就算身體會消失，靈魂也是不滅的。在印度最古老的宗教文獻《梨俱吠陀》中記載著，人一旦死亡，靈魂就會前往由死神閻摩所統治的天界去，在那裡過著快樂的日子。

跟著閻摩一起在天界生活的靈魂稱為祖靈。據記載，「他們處於眾神之間，是為欲望所苦的存在」「他們是真實的，會吃、喝供品，與因陀羅和眾神同乘一輛馬車」。雖然，他們受到與眾神同樣的尊崇，卻會因為飢餓而想要供品。他們所居住的天界，是一處比地上還要喜悅的場所。那裡充滿光，有很多綠蔭，有悠揚樂音鳴奏，是充滿美酒與美食的理想地。但是，並不是每一位死者都有資格前往。為了能在死後到達那個理想地，人們必須舉行祭祀、經常施捨，還要苦行。但是，在《梨俱吠陀》中並沒有提及死後的審判與地獄的觀念，也沒有關於行惡之人有何下場的相關記載。一般認為，行惡之人會在黑暗的深淵裡，遭到報應之神瓦爾那的推落與消滅。

在《梨俱吠陀》中的因果報應觀念非常少，卻記載了祖先的惡行會帶給子孫影響，以及自己的惡行會在之後返回己身。這些觀念都在後世中逐漸明確，尤其後者是與輪迴轉世思想相連結的重要思想啟蒙。

在四吠陀中最晚成立的《阿闥婆吠陀》這部經典中，初次確立了地獄的觀念。那是個與閻摩所居住天界相反的地方。是個棲息著女妖鬼、女魔法師、被黑暗籠罩的世界。在後期的梵書文獻中，詳細記載著關於這個恐怖的世界。在那裡，人會吃人、女鬼會讓人類受苦。

吠陀文獻中，較晚成立的梵書認為，行善者在死後會前往閻摩所統治天界。但是，即使到了天界也有可能再次經歷死亡。這是在死後世界再死一次，並在那個世界重複好多次。再死的人，是沒有正確舉行祭典的人，以及不明白祭典中秘儀意義的人。所以，為了不讓自己經歷再死，人們必須知曉祭典的知識。這個再死的觀念跟之後的輪迴思想有關，我不打算深入談論，在這裡我旨在說明，離開地上後的天上所發生的事。

印度的死後觀念2——輪迴轉世與因果報應

提到輪迴轉世思想的最古老文獻，是比梵書出現更早一些的古《奧義書》裡的《歌者奧義書》（*Chandogya Upanishad*）《廣林奧義書》（*Bṛhadāraṇyaka Upaniṣad*）。在這兩本文獻中，都提及了「五火二道說」。這是輪迴轉生思想最初期的型態。《奧義書》與其他學說相同，也是以對話形式呈現（以下參考自中村元《中村元選集[決定版]第九巻 ウパニシャッド》春秋社，一九九〇年，第六九〇~七〇一頁）。

年輕的婆羅門斯韋塔克圖（Śvetaketu）遇到北印度般遮羅地方的國王布拉瓦哈納・賈伊瓦利，國王對他提出了五個關於生死的問題，但他回答不出來無，於是回到家中向父親尋求答案。但是父親也不知道。因此，父親出門向國王請教答案。據說，就是這個時期，王族才把「五火二道說」傳至婆羅門階級。

這項教導的前半是五火說，內容是以五個祭火的形式述說人類的生命起源在於天界。據說人在死後會進入月亮成為雨，雨再落下地面成為食物、成為男子的精液，再進入母胎轉生。

在後半部的二道說裡則述說著，人在火葬後會進入「神道」（devayANa）或「祖道」（pitRyANa）旅行。進入「神道」者，火葬後，在經過各種天界的旅行後會前往梵天的世界，不會轉生。而進入「祖道」者，火葬後，在天界經歷各種旅行後，會通過虛空前往月亮。在生前積累的業結束前都會在月亮上逗留，業結束後，就會順著五火說轉生到地上。另外，無法進入這兩種道的極惡之人，則會墮入微小生物不斷生死輪迴的第三個處所。

在祖道的旅行過後，轉生到地上者，會以生前的行為來決定轉生的處所。生前累積善行者將以受喜愛的人類，也就是婆羅門、王族或是庶民之子之姿誕生。罪惡深重者，則以家畜或賤民的身分出生。在此，發生了雙重報應。死後到達祖道者，首先會待在月亮的世界中，直到用盡生前的業。業用盡後就轉生到地上。理論上來說，在月亮用盡業後，應該所有人都處於相同狀態。但是，在地上轉生之際的型態，又是由前世的行為來決定。關於這樣的矛盾有兩種見解。第一，人在前世是善或是惡，將決定轉生時的型態。這是忠於《奧義書》原文的見解。第二則是，雖然會在月亮使用完業，但是，業可能有所殘留。依後世的吠檀多派（Védānta）哲學的解釋來看，這雖然並不忠於原文，思想卻是一貫的。

月與芋頭與再生

至此，我們思考過了死亡，接著，來看看在神話中關於死後的「重生」。重生與月亮有深切的關聯。月亮反覆著盈缺，往來生與死之間，本身就是重生的象徵。

令人意外地，在日本，月亮竟然與「芋頭」息息相關。芋頭在日本自古以來就是栽培作物。據說最早可以回溯到繩紋時代中期，有考古學可以佐證。依據吉田敦彥的《繩文之偶的神話學》（《縄文土偶の神話学》，名著刊行会，一九八六年）所寫，自關東地區西部到甲信越地方間的山間部遺跡中，出土了這個時候大量打製石斧。這些石斧的材質脆弱，幾乎無法當作斧頭使用，但在斧頭的刀刃處，有經常用於挖土而呈現的磨損樣，幾乎可以確定這些石斧是拿來挖掘泥土的道具。但是，究竟是用來挖掘什麼？由於出土的石斧數量龐大，所以，可能不只用於挖掘植物，也是用來栽培山芋與芋頭，以及收穫時主要的使用石器。也就是說，我們可以推測在繩紋時代中期，人們已經在進行芋頭栽培。

繩紋時代用於栽種芋頭的土器已經出土，就足以佐證這件事。那是一種叫深鉢的繩紋時代土器，主要用途是將食物放入鉢中進行烹煮。另外，繩紋中期有製作一種特殊形狀的深鉢，鉢體本身不是直線條，而是有凹凸的腰身。為何當時的人們突然大量製作這種形狀的深鉢來使用呢？有腰身的鉢體是為了放在可讓蒸汽通過的承接盤上，底下放水，再放入芋頭，點火後就變成蒸籠，如此便能製作美味的芋頭料理。據說，這是最適合用於烹煮芋頭的土器形狀。

據推測，在稻作尚未普及的遠古時代，芋頭與山芋在日本長期占據著主食的位置，不單是考古學，民俗學的資料也能佐證此一假設。比關東還要西邊的日本各地都有在正月或中秋供奉芋頭的慣例。在各地習俗中，芋頭都是特別神聖的，尤其是正月的儀典中，必須慎重處理芋頭。芋頭雖然用作為正月的食物而有其重要性，但是，另外也能看到將芋頭視為禁忌的事例。我認為，無論何者都是把芋頭神聖化的證據，只是表現的方式出現了兩極。

有關芋頭的習俗與以麻糬作為儀典食物為主的「稻作文化」是相對立的，這表示芋頭在文化體系中是一個指標性的存在。

從北關東到西的日本各地，與正月相同，芋頭也出現在農曆八月十五的「賞月」習俗中，並且是作為供俸給月亮與儀典用的食物。一般來說，在「十五夜」的晚上，供奉給月亮的食物不單有芋頭，其他還有芒草等秋天的野花、月見糰子與各種蔬菜、水果。但是，同時也可以在各地看到把十五夜稱呼為「芋名月」「芋神樣的祭典」「芋的施日」等情況，以及把月見糰子做成芋頭形狀的習俗。我們或許可以推敲出，芋頭會不會本就是主要在十五夜時供俸給月亮的供品呢？（吉田《縄文土偶の神話学》第一一六頁）

月亮與芋頭相關的習俗中，如同第二章所提到的，可能反映出了古栽培民的世界觀。（前書，第一一八頁）在印尼的神話中，被殺害後從屍體中長出芋頭類植物的海奴韋萊幾乎被視為等同於名為蘿皮（Rabie）的少女。蘿皮是在死後變成了月亮的少女。故事如以下。

> 人類的祖先們是從努努薩克山（Gunung Nunusaku）山頂上的香蕉果實中誕生的。人類下山後，開始在塔梅爾・席瓦（thamel siwa）定居。但是那時只有太陽照耀大地，天上沒有月亮也沒有星星。那時，有個名叫圖韋勒（tuwale）的男人住在地上。他是從太陽中誕生出來，長相醜陋，臉上長滿了許多痘痘。有一次，他在河邊狩獵，有一顆木頭的果

實漂了過來。他撿起來查看，發現果實上有女人尖銳的齒痕。

圖韋勒想要知道齒痕是誰的，於是溯河而上。接著就看到河邊有兩個女人，分別是蘿皮跟施蘿兩姐妹。圖韋勒想要跟蘿皮結婚，於是跟隨兩姐妹來到村裡，拜訪他們的父母，並提出結婚請求。由於圖韋勒實在長得太醜陋，父母感到害怕，為了找到拒絕他的理由，答應圖韋勒隔天回覆，再趁機找其他村人商量。結果，村人們也反對蘿皮嫁給醜陋的陌生人為妻，於是，決定明天圖韋勒來到時，向他要求支付天價的結婚費用，讓他知難而退。

隔天，圖韋勒再度前來，蘿皮的父母向他要求出五千種金銀財寶當作結婚費用。結果，圖韋勒一臉坦然地答應，並約好三天後再來。同時，圖韋勒還交給蘿皮的父母三枚鑽石，以及裝滿荖藤葉子的兩個小箱。

事已至此，父母倆與村人們再度商量，發現再也無計可施，打算要收下金銀財寶，讓蘿皮與圖韋勒結婚。但是，村人們不願就此放棄。他們把蘿皮帶離村子，藏在隱蔽處，並殺了一隻豬，讓牠穿上蘿皮的衣物，放在草蓆上用布包覆著。

三天後，圖韋勒依約帶著結婚費用前來，在他得知草蓆上躺著的並不是蘿皮而是一隻死去的豬後，就拿著所有金銀財寶離去。村人們以為圖韋勒放棄與蘿皮結婚而喜出望外，於是把蘿皮從隱蔽處帶回，慶祝她的平安。

數日後，蘿皮為了排便，離開村子站在一根樹木的根上，突然間，那樹根開始往地面下沉，蘿皮也跟著往下沉，在驚慌中，她奮力地想要抓住什麼，但無論如何都無法逃脫。她只能大聲呼救。

村人們聽見蘿皮呼叫後急忙趕到，大家努力地想要把蘿皮從地裡挖出來，無奈蘿皮的身體仍舊一直往下沉。終於，蘿皮只剩下頭部時，她跟母親說道：「把我帶走的是圖韋勒。三天後的晚上，請大家抬頭望向天空。屆時，我會在天上閃耀。」

第三天太陽下山後，大家仰望天空時，發現西邊的天空出現了最初的滿月。從那時起，白天是太陽的圖韋勒，夜晚則是月亮的蘿皮照耀天空，這對夫妻所生的五個孩子們都成為了天空中最初的星星（參考吉田《縄文土偶の神話学》第一一八～一二一頁，有進行簡化）。

成為月亮的少女蘿皮與海奴韋萊兩人都是被活埋致死。海奴韋萊是在祭典最高潮時，跌落村人們在地上挖的洞而死。蘿皮成為了月亮，海奴韋萊則成為了芋頭（從海奴韋萊的屍體上長出了芋頭）。流傳在韋馬萊族的這些故事，可以看出蘿皮與海奴韋萊都不是個別的存在。也就是說，人們對成為芋頭之母的女神與月亮是視為一體的。

日本對於芋頭與月亮的深刻連結，可能也是來自於印尼等古栽培人民的神話故事。古栽培民的神話骨幹裡，有「死是以生為前提」的概念。我們現代人一般都把生與死擺在最初與最後的位置，認為這兩者是全然不同的。但是，古栽培民的觀念中，甚至是許多神話故事中並非如此，他們是把生與死當成一體的兩面，兩者是不可分割的。而「月亮」剛好體現了這個概念。反覆地月盈月缺就已經包含了生與死，蘿皮＝海奴韋萊是月亮這件事，也是以神話性思考為背景。

對人類來說，月亮也是重生的場所。如之前所提的，印度思想「五火二道說」裡的五火說指出，人死後會先去往月亮。另外，二道說的「祖道」則認為人會暫時先去月亮，從那邊再轉生到地上。月亮是重生的場所，是靈魂的母胎所在之處。

我們每個人都如同盈缺的月亮向死而生。然後，像是迎接新月一般，每個人都會迎來那樣的時刻。接著，又會如同月亮進入滿月週期般，重生，轉變成新生命。月亮的重生，或許不是神話故事創作的本意，卻帶給我們無窮的希望。

祝福如月亮般的生命裡充滿幸福。

後記

神話故事或許看起來是含糊不清的荒唐無稽故事。但是，神話具有清楚明白的「功能」，能引領人們深入思考。

也就是說，神話故事是神聖的「裝置」。是用來思考的道具與骨架。運用神話故事，無論是古代或是現代人都能思考許多事物。在古代，當人們想要理解世界的組成，就使用神話這個裝置。另外，關於災禍，也可以使用這個裝置，以固定型態的方式將故事傳誦下去。即使是現代，這個裝置依舊有效。通過這個裝置，將故事轉變為「神聖故事」，藉由一般化與普及化，當人們經歷災禍，就能療癒痛苦，並自我警惕。

本書最初的出版想法是由MIZUKI書林的岡田林太郎所提案。我們兩人在小酌後談起「如果能出版這樣一本書，一定很有趣」，於是就這麼開始寫起書來。

後來很遺憾地，由於岡田先生必須專心面對他那嚴峻的胃癌病情，而由河出書房新社好意接下了這本書的出版計劃。編輯町田真穗小姐在細節處也不吝提出建議，讓我們就神話的現代意義有了討論。在此，特別感謝河出書房新社與町田小姐。

另外，也要深深感謝和光大學的松村一男教授在百忙之中馬上仔細讀完本書原稿，並提供建言。

寫書時，我思考著關於災禍的事，想起了在老家神戶曾體驗過的地震，以及在我家神奈川所體驗過的地震。無論何者，都讓我得以再度確認自己與家人的羈絆。我的先生與父親，總是給予我不少幫助。

邊看著愛貓Roshimu幸福熟睡的臉龐邊記下

沖田瑞穗

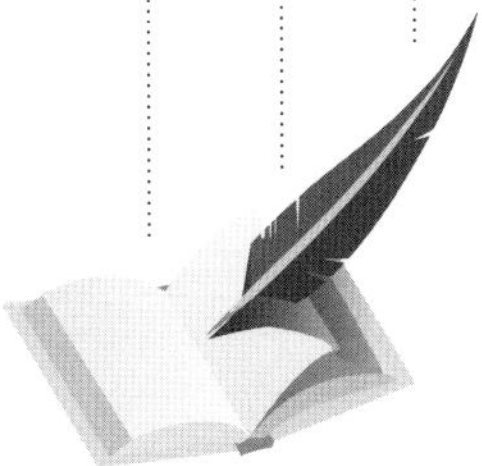

Note

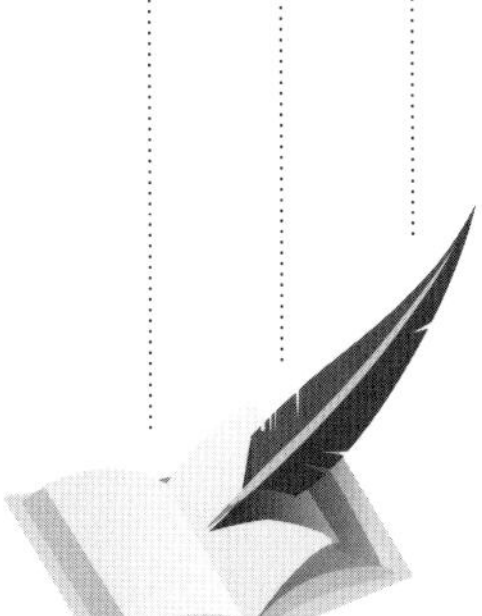

國家圖書館出版品預行編目資料

災難神話學/沖田瑞穗作；簡毓棻譯. -- 初版.
-- 新北市：世潮出版有限公司, 2024.06
面；　公分. -- (閱讀世界；37)
ISBN 978-986-259-094-2(平裝)

1.CST: 災難 2.CST: 神話 3.CST: 文學史

280　　113006898

閱讀世界37

災難神話學

作　　者／沖田瑞穗
譯　　者／簡毓棻
主　　編／楊鈺儀
編　　輯／陳怡君
封面設計／Wang Chun-Rou
出 版 者／世茂出版有限公司
地　　址／(231)新北市新店區民生路19號5樓
電　　話／(02)2218-3277
傳　　真／(02)2218-3239（訂書專線）
劃撥帳號／17528093
戶　　名／世潮出版有限公司
單次郵購總金額未滿500元（含），請加80元掛號費
世茂網站／www.coolbooks.com.tw
排版製版／辰皓國際出版製作有限公司
印　　刷／世和彩色印刷股份有限公司
初版一刷／2024年6月

ＩＳＢＮ／978-986-259-094-2
ＥＩＳＢＮ／9789862590904（PDF）9789862590898（EPUB）
定　　價／360元

Original Japanese title: SAIKA NO SHINWAGAKU